楽器づくりによる
想像力の教育

──理論と実践──

DVD付き

小島律子

関西音楽教育実践学研究会 著

黎明書房

はじめに

現代社会はどこへ行っても音があふれています。しかも音は強制的に耳に入ってきます。私たちの音に対する感性は、この音の洪水の中でまひさせられているのではないでしょうか。本書で提案する楽器づくりは、楽器をつくることにねらいがあるのではなく、日本に生活する子どもの音に対する感性の覚醒にあるのです。

楽器づくりといえば、普通、ペットボトルでマラカスをつくり、教科書に載っている曲に合わせてリズム伴奏をするといった活動を思うことでしょう。本書はそれとはまったく違う新しい楽器づくりのコンセプトに立ったものです。自分の外側に楽器をつくることで、音がどう鳴り響くのかを確かめながら、自分の求める音を探していくのが本書での楽器づくりです。自分の好きな音、自分にとって価値のある音、意味のある音を見つける音探究は、自己の存在を確認する営みといえます。自分がどういう音に意味を見つけるのかを知ることは、自分とは何かを知ることになります。

そして、音を探究することは、そのまま、楽器をつくることになります。子どもは音を探しながら素材を変形させていきます。そこでは既製の楽器のミニチュアや簡易版をつくることが目的にはなりません。さらに、楽器をつくることは、そのまま、音楽をつくることになります。楽器をつくりながら、見つけた音にイメージをもって、音をつなげたり、重ねたりしていくことで音が音楽となっていきます。

つまり、本書の楽器づくりは、音探究および音楽づくりと一体となったものです。私たちは、このような楽器づくりを、楽器を製作することをねらいとする楽器づくりと区別して、「構成活動」としての楽器づくりと呼びます。自己の外側に楽器が構成され、内側に感性やイメージや思考が働いて自分の内的な世界が再構成されていきます。この自己の内と外とを連関させて双方を再構成していく活動が「構成活動」です。

では、このような「構成活動」としての楽器づくりを行うことは学校教育にとってどのような意味があるのでしょう。私たちは、本書の楽器づくりは学校音楽教育のパラダイム転換のための教育方法になると考えています。本書の楽器づくりでは、子どもたちが自身の欲求から音を探究することを目的としています。音楽の素材は音です。子ども自身が音そのものに目を向け、耳を向け、身体を向けることが音楽教育の基盤になるはずです。そこのところがこれまでの音楽教育では抜け落ちていたのではないでしょうか。音そのものに注意を向けることなく、音を組み合わせることばかりに注意を向けていたように思われます。それは機能和声にのっとった西洋音楽こそが「音楽」であるという、明治以降の学校音楽教育の結果でしょう。しかし、音はさまざまに表情をもったイメージ豊かな素材です。その表情を生かして音を鳴らし音楽を生成していくというアプローチで音楽教育を考えたいと思ったのです。それが、子どもが自分の感性で音にかかわり音楽を生成していく音楽教育になるのではないでしょうか。また、それは、とりわけ日本の自然や文化において伝統的に大切にされてきた姿勢といえましょう。

さらに、楽器づくりのよさは音楽教育を超えたところでも発揮されます。私たちは「構成活動」としての楽器づくりに、このヴァーチャル化した現代社会に生きる子どもたちに求められる大事な力の開発を見ることができました。それは想像力（イマジネーション）の開発です。

「構成活動」としての楽器づくりでは、外側の音が秩序づけられ再構成されるのに連関して、内側のイメージや思考が秩序づけられ再構成されていきます。それは一人で行われるものではなく、友だちとの協働の営みにより可能となります。楽器づくりの過程で登場してくるいろいろなイメージ、発想、考え、それらを関連付けてまとまりある作品にしていく行為は、異なるものを結びつける力としての「想像力」によってなされるものです。

とくに楽器づくりは、構成する素材が質的素材である「音」であることが特徴で、そのことからイメージを核として活動が進められます。そこで、楽器づくりはイメージの源である想像力を育てるのに有効だという点に注目しました。

本書でいう「想像力」は、気まぐれなファンタジーや空想のことではありません。それは、イメージを通して一見関係ないような遠く離れている事象の質を感じ取り、未来を見通しながら現在の事象に結びつけ融合する力のことです。記号や符号で表された情報に即座に反応することばかりが求められる現代社会においては、イメージをもって事象を総合的に捉えていく力を養う機会はなくなってきています。楽器づくりでは、子どもたちは、生活で経験したさまざまな質を、イメージを通して音に結びつけていきます。そしてイメージを広げることで音を構成して、調和感ある、統一的な質を醸し出す音楽にしていきます。その過程で想像力を行使し、鍛え、育てていくのです。想像力は、科学や芸術にとって創造的な発展をもたらすだけでなく、人間同士のかかわりにも必須のものです。自分とは異なる人を思いやる気持ちにもつながるものです。

このように「構成活動」としての楽器づくりを、単に音への感性や音楽への知覚や感受を育てるというだけでなく、人間形成としての想像力を養うという点に意義をもつものとしてとらえるところに本書の独自性があります。

本書は以上のことを理論と実践との往還関係をつくって示したいと考えています。過去の人類の遺産である理論を背景にもち、それを仮説として実践を試み、再度、実践から新たな理論的視点を得るという構成になっています。つまり本書は、教育実践学の立場に立った研究の成果ということができます。

人を育てる論理としての教育の理論に関心をもつ人も、実践に関心をもつ人も、本書により想像力育成のための新たな視点をもつことができれば幸いに思います。

二〇一三年　夏

小島律子

目次

第3章 「構成活動」としての楽器づくりから見えてくるもの

第1章

新しい楽器づくりの理論

1　これまでの楽器づくりの概観

髙橋澄代

日本の学校教育における楽器づくりは、大正期の奈良女子高等師範学校附属小学校から始まったといわれている(1)。そして、それはサティス・コールマン（Satis Coleman）の楽器づくりの影響を受けたものだとされる(2)。ここでは、まずコールマンの楽器づくり(3)について述べ、次にこれまでの日本の楽器づくりを概観する。

(1)　新教育におけるコールマンの楽器づくり

ヨーロッパやアメリカでは十九世紀の後半から子どもの活動や自発性を重んじた教育改革運動（新教育）が起こり、やがてそれは大正期や戦後初期の日本の学校教育にも影響を与えたとされる(4)。コールマンの楽器づくりは音楽や詩の創作、演奏や歌や踊りを含む音楽教育の方法としてアメリカにおける新教育の時代にコロンビア大学の実験学校、リンカーン・スクールで開発されている。単に楽器をつくることのみを行うのではなく創作や演奏を含む音楽教育の方法であることから「創造的音楽」と呼ばれ、同校で開発された「作業単元」という総合学習の考え方をつくり上げたといわれている(5)。

では、コールマンは音楽教育の方法になぜ楽器づくりを取り入れたのだろうか。その背景には、演奏するよりもまず譜を読むことを強制された幼少期のピアノの指導や子どものやる気を挫くような当時の音楽教育があるという。

音楽の教えられ方は何か間違っているという感覚を抱いていたコールマンは、真の表現のよろこびを味わわせるためには子どもたちに自由な音楽表現の機会を与えなければならないと考え、音楽をすべての子どもたちが経験できるように単純なものにする音楽教育の方法を試みた。そして、その音楽の単純化を、原始の人類がたどった音楽の道が示す活動に求めた。それは、自分で自分の楽器をつくり演奏するというものであった。子どもが自分で自分の楽器をつくり奏で、楽器の発達の諸段階を自力で発見するようにすれば、子どもに見合った学習によって子どもを音楽の自然な進化に導くことができ、それは体験を通した基礎からの音楽理解になるだろうと考えたのである。楽器づくりは、単純さが主要なファクターとされ、打楽器、管楽器、弦楽器がつくられているが、最初に使用されたのは打楽器である。太鼓の例では、いろいろなものを叩いて音への好奇心を刺激された子どもたちが野菜を入れるボールやココナツの殻、香辛料の箱といった手に入るものを使って太鼓をつくり、それで歌や踊りのリズムを刻み、リズムを即興でつくりだしたことが示されている。

このように、楽器づくりは歌や踊り、そして創作と常に関連づけられている。桂は、コールマンの楽器づくりは、器楽の学習のために考えられたのではなく、音楽が歌や器楽等に分化する前の原点のところを理解するための方略として楽器を位置づけているとしている(6)。コールマンの「創造的音楽」は、創造力や自己教育力、自律や自立といった子どもの教育と発達に貢献するように、楽器づくりを核に音楽との原初的な経験を発展させていくことで、音楽のもっている性質・歴史・分野すべてを含む広い世界を拓くことをねらいとした。

(2) 日本の学校教育における楽器づくり

次に、これまでの日本でどのような楽器づくりが行われてきたかを概観するために、その目的から楽器づくりを大きく三つのタイプに分けてみた。一つは「楽器の構造理解のAタイプ」、二つは「音楽様式の拡大のBタイプ」、三つは「原初的な音楽経験のCタイプ」とした。各々について説明していきたい。

【楽器の構造理解のAタイプ】

これは、大正期や戦後初期の新教育の時代に多く見られる。従来の教師主導の指導を問題とし、子どもの自発的な研究的態度を奨励する授業において行われている。理科では音の高低や強弱、伝達や共鳴をつくりだす楽器の仕組みについて、音楽科では楽器の仕組みから音の高低や強弱に対する厳密な理解を得る方法として楽器づくりが行われている。素材は音の出るものなら何でもよいとされている。楽器づくりには、作曲や鑑賞のために聴覚を鍛えることを目的とされているものもあれば、楽器不足を補う目的も含まれている。

音楽科の一例を示す。「なりもの」という音の学習に付随して、簡単な原始的な楽器を作製させ、音の調律をさせることによって音の高低や強弱を理解させようと計画されている。そこには、子どもの聴覚を育て、作曲や鑑賞にも役立てたいという教師の思いもある。

子どものつくった楽器は、小さな木製の箱の上に十数本の大小長短の折れ針を立て、指で弾いて音を出すというもの、ビール瓶やシトロン・サイダー（清涼飲料水）などの瓶に水を入れ、水の加減と瓶の大小により音程をつくり、小さな木槌で打つというものである(7)。

このように自由に楽器をつくらせる場合も、あるいは既成の楽器モデルを提示する場合もある。いずれも子どもの自作の曲を演奏させたり、既成の曲を演奏させたりしていたようだ。ここでは子ども自身が楽器をつくるということに意義が見いだされ、楽器を理解することから音楽理解へつながる教育が期待されていたと考えられる。

【音楽様式の拡大のBタイプ】

これは、平成元年の学習指導要領の改訂により個性的、創造的な学習活動の活発化が求められた以降に多く見られる。明治以来の西洋音楽を中心とした演奏技術を重視した教育を問題とし、西洋音楽の枠にとらわれない音楽観に立ち、技術よりも音楽の楽しさを重視した授業において行われている。西洋の機能和声の音楽様式の枠を外したところに子どもの自由で創造的な活動を求め、そのための一つの活動として楽器づくりが位置づけられている。つまり、学校音楽教育で扱う音楽様式を拡大することによって、子どもに自由で創造的な音楽表現活動をさせることが楽器づくりに期待されている。

これには楽器づくりから創作、演奏までを一貫した創造活動として行う事例と、楽器づくりを多面的にとらえて合科的に展開する事例がある。

ただ、前者の楽器づくりから創作、演奏を一連のものととらえる場合でも、楽器づくりを夏休みの宿題にして音楽科ではつくった楽器で音楽の創作や演奏の活動のみを行うもの、あるいは、楽器のつくり方から音の出し方、演奏の方法までを知らせてつくらせるもの、手づくりした楽器を使って現代音楽的な手法で音楽づくりを行わせるものがあり、総じて、楽器をつくる過程よりもつくった楽器で何かを演奏するところに意義を見いだしていると考えられる。

後者では、理科で音について科学的な立場で学習し、図画工作科で楽器をつくり、音楽科でその楽器を用いて創作し、音楽会をひらいて演奏するというように、一つの教材で複数教科の特性を生かした学習を行う事例がある。この事例でも音楽科においては、つくった楽器と他の既製の楽器を使って、様式にとらわれない合奏をつくらせる活動となっている。この自由創作の記譜には図形楽譜が使われており、現代音楽への志向が見られる(8)。

また両者ともに、自分の手で楽器をつくることによりものづくりの楽しさと世界に一つのマイ（私の）楽器という思いからくる楽器に対する愛着心が、創作や演奏といった他の創造的な学習への意欲を喚起するとされている。学習への動機づけの意義が期待されている。

このBタイプには、近年、西洋音楽から日本伝統音楽へと様式を広げる実践もでてきている。塩ビ管（塩化ビニール管）による篠笛づくりを行い、郷土の芸能を演奏し、保存会と一緒になってお祭りに参加するというものである[9]。これも、学習内容とする音楽様式を広げる場合に、楽器に着目し楽器をつくらせることから新しい様式にいざなっていくアプローチといえる。

【原初的な音楽経験のCタイプ】

これは、Bタイプと同様、平成元年以降に多く見られ、西洋音楽を中心とした演奏技術を重視した教育を問題としている。そして、そのことが子ども自身の表現を育てるものになってこなかったことを重大な問題としてとらえ、子どもに音楽との原初的なかかわりを回復させようという意図から楽器づくりを行うものである。

多くは土笛、うなり竹、バリンビンなどの原始的、民俗的な楽器をつくらせようとしている。そして、レプリカやビデオ教材と教師の簡単な説明で楽器づくりが進められる。また既習の「音の出方や伝わり方」を振り返らせたり、リコーダーやピアノで発音構造を探らせたりしてから楽器づくりに向かう事例もあるが、そこでも音が出るまで試行錯誤させて音の出る仕組みを実体験することが重視されている。そして、楽器づくりから演奏までを一連の活動としてとらえ、自由創作を行わせる。つまり、楽器づくりにおいて音が出るという過程を重要視しているといえる。

弥生の土笛づくりの事例を示す。まず、弥生の土笛の音やそれを吹く人を想像させ、音が出るまで粘土をこねてつくる。野焼きで、自分でつくった笛を自分で焼く体験をさせる。焼き上がった自分の笛を吹かせ、クラス内の交流により自分の笛の最もよい音の出し方を体得させる。各自の音色や吹き方を生かして、鳥の鳴き声や、風などの自然音、汽笛などの人工音をイメージさせる短いフレーズを工夫させ、クラス内で音色や表現の工夫を交流させる。次に野外を散策しながら弥生の音楽世界を想像させ、即興演奏をさせる。教師自身の即興的フレーズと生徒のフレーズが応答する形をとったり、劇のような場面を設定したりして即興演奏を促す[10]。

以上より、学校教育における楽器づくりは、子どもを主体とした音楽の授業あるいは音楽表現をめざして導入されたといえる。ただし楽器づくりの過程より「自分でつくった楽器を使う」という結果の方に意義が認められることが多かったのではないか。Cタイプは音楽との原初的なかかわりを重視する点、つくる過程を重視しているといえるが、原初的なかかわりが「体験」にとどまっている場合が多い。本書で提案する「構成活動」としての楽器づくりは、楽器をつくることを主体と素材との相互作用としてとらえ、その発展過程に意義を見いだすところに新しさをもつものといえよう。

2 「構成活動」としての楽器づくりの原理と構造

小島律子

(1) 楽器とは

楽器づくりの前提として、まず楽器とは何かを考えてみたい。楽器といえば普通、ピアノやフルートなど、音楽を演奏をする時に使うものを思い浮かべる。しかし人間が音を求めて出すという原初的な行為から考えてみると、楽器をもっと広くとらえることができる。音楽考古学の研究者である笠原は、「楽器」という言葉の定義は「音楽」に対するコンセプトの違いに関係しているとする。楽器を「音楽を演奏するための器物」と定義すれば、この音楽とはどういう音楽を指しているのかということが問題となってくるという(1)。つまり、あるものが楽器であるかどうかは、音と人との関係が決定することなのである。

そこで本書では、音楽を音も含む広い世界としてとらえ、楽器を「諸文化で音を出すために使われる道具」(2)としている徳丸の定義を採用し、さらに「道具」という言葉もより広くとらえ、形ある器具という意味ではなく、何かの目的のために使われるものという意味で「道具」とする。というのは、人は水の立てる音に気持ちを奪われ、音を出すためだけに水を操作することがあるが、その場合は水も楽器になるといいたいからである。また、「文化で」ということなので、破壊的な目的のために音を出すのではなく、人間の精神的な営みに新しい価値を創造するために音を出す道具、という前提があると考えられる。

(2)「構成活動」とは

構成活動とは文字通り、何かをつくる活動である。つくるといってもマニュアルがあってそれ通りになぞってつくるのではなく、考えながらつくり、つくりながら考えるというところに本質をもつ。自分の外側に材料をつないだり、重ねたりしてみては、「ちょっと違う、もう少し重ねてみよう」というように考え、材料のかたちを変えていくのである。つまり、自分の外にある材料のかたちを再構成しながら自分の内の材料、すなわちイメージや感情や思考などを再構成していく営みを「構成活動」と呼ぶ。その本質は、内と外との二重の変化にある。この二重の変化の「内の変化」が人間の成長ということになるのである。

本書で提案する楽器づくりは、構成活動としての楽器づくりである。外にある材料に手を加え、働きかけ、その働きかけた結果を受け止めて内にあるイメージや感情や思考をつくりかえていく活動である。構成活動の根本的な原理は、内と外とが連動してものを構成するということになる。

では、構成活動としての楽器づくりは、この内と外の二重の変化という根本原理のもとで、どのような構造を

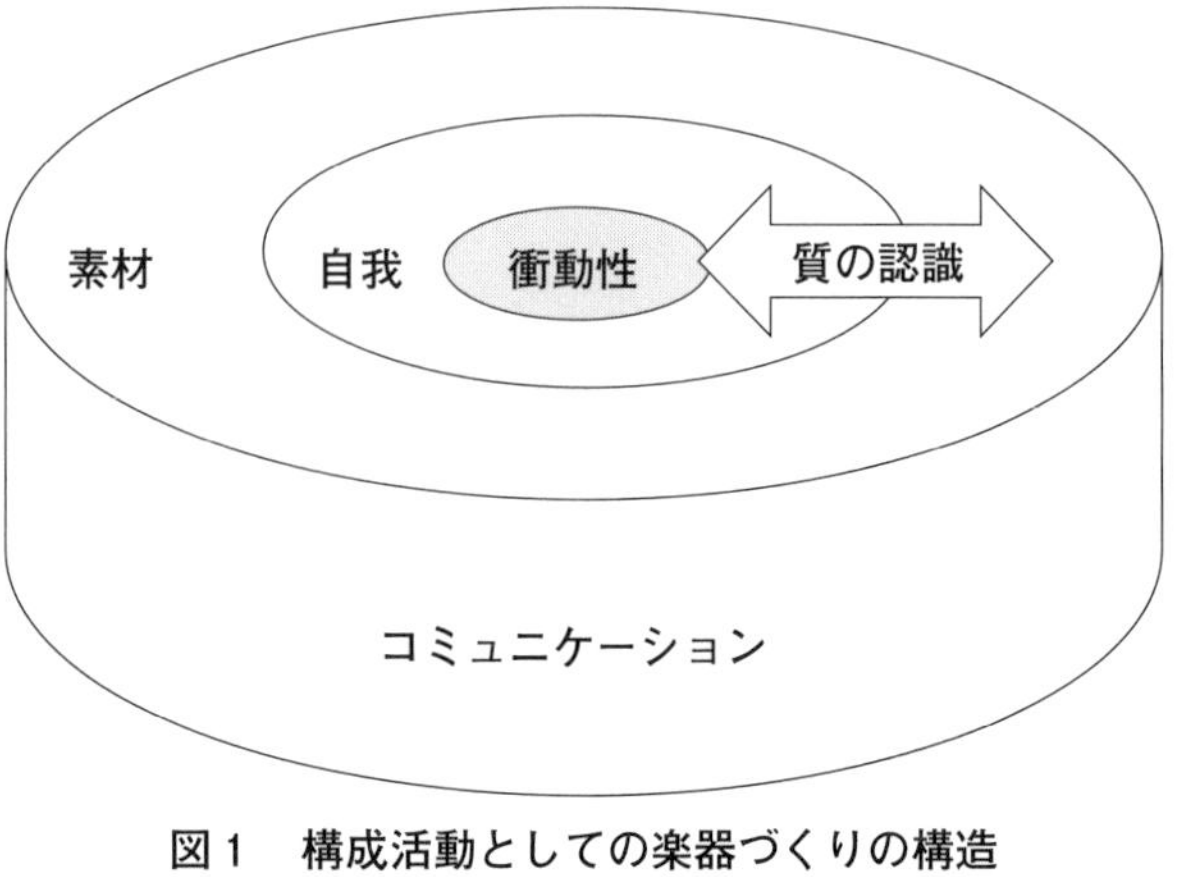

図1　構成活動としての楽器づくりの構造

もつものなのだろうか。ここでは、衝動性、質の認識、コミュニケーションという三つの観点より明らかにしたい（図1参照）。

(3) 衝動性を起点とする相互作用

構成活動としての楽器づくりは内と外との相互作用のプロセスである。相互作用を起動するにはエネルギーが必要になる。構成活動ではそのエネルギーを衝動性に求める。衝動性とは、たとえば子どもが海辺にいくと、だれにいわれなくても砂を触り、穴を掘ったり山をつくったりする。環境に働きかけ環境を変えていこうとする、このエネルギーが衝動性である。本来自然に抱かれていた人間は、水とか砂とか自然の素材にはとりわけ衝動性を喚起されやすい。

紙や金属や石などのまだ複雑に加工されていない素材を環境とする楽器づくりは、衝動性が喚起されやすい活動といえよう。楽器づくりでは、子どもたちは金属のフライ返しがぶら下がっているのを見ると思わず対象に手をのばす姿が見られた。それはなぜか。人は環境の事物にこれは何だろうと思う時、原初的に、においを嗅ぐ、触る、叩く、ひっぱる、こするといった行為で観察する。楽器づくりはこのような原初的な探究行為から始まる活動だからである。

ところでデューイは衝動と衝動性を区別している[3]。衝動は特定の対象に向かうものであり、衝動性は生物全体がある方向性を示す源泉となるエネルギーである。命あるものは命を存続させるために環境に向かって働きかけるエネルギーを根源的に備えている。それが衝動性である。

この生命維持のためのエネルギーである衝動性は、ふさわしい材料を得ることで表現へと展開されることをデューイが論じている[4]。もちろん衝動性はそのまま直接に発散するのでは芸術的な表現にはなっていかない。そこに媒体（メディア）を得ることで間接的な通路を通るようになり、表現へと向かうことになる。

では、いかに媒体を得るかといえば、抵抗に出合うことによってである。直接に発散していた衝動性が抵抗に出合うことで、折り返されてはね返ってくる。そこで自我が意識される。教育として楽器づくりを行う時、そこのところが重要になる。抵抗を生じさせるには行為に目的をもたせることである。授業者が「見つけた音から一つ好きな音を選ぼう」「擬音語で表すならどういったらいいかな」というように目的を与えてみる。すると子どもはこの抵抗をどうのりこえたらよいかと考える。ここに知性が生じ、問題解決の行為が生ずる。「見つけた音から一つ好きな音を選ぼう」といわれると、子どもはやみくもに叩くのを止め、自分の叩く行為の結果に注目するようになる。抵抗をどうのりこえるかということは、抵抗となっている素材をいかに表現のための媒体とするかを考えることである。ここに素材が媒体となり、衝動性は表現への間接的な通路へ向かうことになる。したがって衝動性の発露を十分させることが表現へのエネルギーを保証することになる。

(4) 身体を通した質の認識を内容とする相互作用

楽器づくりにおける内と外との相互作用は、素材の質の認識を主たる内容とする。というのは、楽器づくりは、外にある素材に身体で直接に働きかけて素材そのものの形態を変える活動である。そのような活動は、子どもたちに素材の質の認識を豊富にもたらす。

楽器づくりの素材は木、金属、紙、プラスチックとさまざまである。さらに、同じ素材でも叩き方によって音が変わる。「缶の底をドンと叩いたら、こもった音がした」というように、身体と音との関係に意識がいくと、行為の結果である「どんな音が出るか」に全身で注意を払うようになる。そういう活動をしていると、素材固有の質（quality）と音との関係がわかるようになる。缶がへこむと音も変わるというような、形態と音との関係もわかるようになる。音と自己の身体との関係を縦軸として、音と素材との関係を横軸に広げていくことができるのである。そして、このような身体・音・素材の関係性をつかんでいると、この音とあの音を重ねてみようと、いろいろ発想することができるようになる。つまり、音楽表現をするのに材料となる重要なデータを、身体諸器官を通じて豊富に得ることができるのである(5)。

このように、楽器づくりは、素材を直接変化させることで素材の物質的な性質を知ると同時に、そこから生み出される音のさまざまな質を身体全身で認識するという活動である。身体全身で、というのはまさに感性が働くことであり、そのことが自己の感性を基盤とした音楽づくりを可能にするのである。

(5) コミュニケーションを土台とする相互作用

構成活動は協働の活動であるところに存在意義をもつものである。「構成活動」としての楽器づくりにおける内と外との相互作用もコミュニケーションを土台としてなされる。楽器づくりでは、個人で音を探究し、発見し、認識していくのだが、それはクラスやグループという集団の場で行われる。また音楽づくりでは、グループになって、メンバー各自の音を関係づけて調和感ある音楽をつくっていくことになる。

しかし、グループ形態になったからといってコミュニケーションが行われるとは限らない。そこではメンバーに共有される何かが必要とされる。楽器づくりでは共有物がもちやすいという特徴がある。それは、楽器づくりが(4)で述べたように素材の質の認識を中核としているからである。

たとえば空き缶を叩いて音を探す活動をしている中でも、缶の横を叩いている友だちの音を聞いて「自分は缶の底を叩いてドンドンするこもった音を出していたけど、横を叩いたらカランカランと乾いた音がするんだ」というように、他者の異なる経験も質の認識を通して自分の経験とつなげて理解できる。その音に対して「大男が行進をしているようだ」とイメージをもてば「そんな感じがする」「いや、ぼくは台風の感じがする」というように、その音の質を共有物としてコミュニケーションが起こる。このように身体を通した、素材の質の認識の中で質的なコミュニケーションが可能となって協働活動が進められる。このことは第3章で取り上げるように、共感的な雰囲気を生み出すことに働くという特徴をもつものである。

3 「構成活動」としての楽器づくりの方法

清村百合子

これまでの楽器づくりの授業の多くは、モデルとなる楽器を想定した上で楽器らしきものを製作し、それを用いて楽曲を演奏することを目的とする「楽器製作としての楽器づくり」であったといえる。しかし、本書は「構成活動」として楽器づくりの授業を展開していく立場をとっている。

「構成活動」とは「社会的状況において衝動を起点とし、身体諸器官を使って外界に作品を構成することと連関して内界を構成する活動」[1]と定義されている。このことから「構成活動」として展開していくためには「社会的状況で行われること」「衝動を起点とすること」「外界（作品）と内界（イメージ）との両方を構成していくこと」の三つが要件となる。では「構成活動」として楽器づくりの授業を展開させていくためにはどのような方法をとったらよいのだろうか。

(1) 音探究＝楽器づくり＝音楽づくり

楽器づくりの方法は、音探究をしながら楽器が形づくられ、そこにイメージがかかわることによって、音が音楽として秩序づけられていく過程そのものである。

まずは素材に働きかけることから楽器づくりは始まる。素材との相互作用を通した音探究である。紙をピンと張って叩いてみる、細かい石の粒をケースに入れて振ってみる、金属板をつり下げて順番に鳴らしてみる、水に触れてその感触を確かめる。このようにまず人間は環境とかかわる時に、目や耳、肌など自らの感覚器官を鋭敏に働かせて目の前にある素材に直接かかわろうとする。紙や石、水などの生の素材を直接自分の手にとって確かめ、素材のもつテクスチュアや硬さ、手触りなど素材の質感を直接感じ取る。加工されていない「生の素材」に直にかかわることでその接触の性質に気づくことができ、それらは人間の感情や思考を喚起するため[2]、子どもたちは嬉々として音探究に取り組む。このように衝動性を起点として「構成活動」としての楽器づくりの授業は始まる。

素材とのかかわりが十分満たされると、今度はその働きかけの結果を意識するようになる。紙の張り具合で音はどのように変わるのか、石の粒を入れたケースを振るとどんな音がしたのか、手で水を弾いた時にどんな響きがしたのか。感覚器官を使って素材に働きかけたことを言葉などによって振り返る「反省（リフレクション）」の場となる。ここでいう「反省」とは自分の行動を悔い改めることではなく、「行為の振り返り」としての「反省（リフレクション）」のことを指す。デューイは自らの行為を言葉などで振り返ることによって、初めて経験が意味あるものになると述べている[3]。単に衝動的に紙を叩き、水をバシャバシャするだけでは意味のある経験とはならない。そのことでどのような響きがもたらされたのか、どのような変化が起きたのか、言葉などによって確認することが重要となる。

楽器づくりの場合、音色の質感を意識するために擬音語や比喩で表す方法がとられる。「ピンピン」「ぽわんぽわん」「ジャカジャカ」など擬音語は微妙な質の違いを表すことができる。また「花火がドンとあがったみたい」「お化け屋敷の恐怖感」などと生活経験と結びつけて音色の質感を表すこともできる。いずれも各々の感性を働かせて音色の質感をとらえている。そして擬音語や比喩によって表に出すことで音色に対する知覚・感受が促される。

生の素材に直接、衝動的に働きかけ、その結果を言葉などによって「反省」する、こうした音探究と並行して楽器としての形も生成されてくる。これが音探究から楽器づくりへの発展である。気に入った音色が見つかると、その音を定着、再現できるよう、形を固定するようになる。輪ゴムを弾いた時に最も自分の好きな音がする場所に柱を立てたり、一番いい響きがするように空き缶にピンと紙を張り付けたりする。このように素材との相互作用を通して自分の求める音を探し、見つけた音を定着させるために形状が工夫され、形としての楽器が定まってくる。

見つけた音にイメージがもてるようになると、今度はそれらの音をつなげたり、組み合わせたりして、音楽として構成していく。これが楽器づくりから音楽づくりへの発展である。楽器づくりにおいて音を構成する手がかりとなるのは音色に対するイメージである。イメージを共通項として、音のつなぎ方、重ね方などを工夫する。輪ゴムを弾いた時の不穏な響きに「お化け屋敷」というイメージをもち、輪ゴムの弾く音を八回繰り返すことで恐怖感を醸し出し、強弱をつけることでさらなる緊迫感を表現する。このようにイメージを主軸として楽器づくりは音楽づくりへと発展していく。

このように「構成活動」としての楽器づくりの授業は「音探究＝楽器づくり＝音楽づくり」という発展の筋道をたどる。生の素材に直接働きかけるという衝動性を起点とした音探究から始まり、何度も繰り返し「反省」が行われることによって、音色に対するイメージがもたれるようになる。それらのイメージを手がかりとして外側にはまとまりのある作品と楽器が形づくられ、内側の衝動性はイメージによって秩序づけられ、整えられる。ここに「構成活動」の要件である「衝動を起点とすること」「外界（作品）と内界（イメージ）との両方を構成していくこと」の二点を確認することができる。

(2) 協働の学習

では「構成活動」の三つ目の要件である「社会的状況で行われる」という点について楽器づくりの授業ではどのような方法になるのか。

楽器づくりの授業では、自然と音や動きや言葉を媒介としたコミュニケーションが生じる。一人で孤独に音と向き合う作業とは異なり、友だちとかかわることで音探究から楽器づくりへ、そして音楽づくりへと発展していく。人とのかかわりの中で「構成活動」としての楽器づくりの授業は展開されていくことになる。

協働の学習では、複数の学習者がある目的を共有してともに協力し合って活動を進めていくことになる。楽器づくりの授業では、まずは個人で音に向き合う音探究の活動から始まる。まだここでは協働の学習は見られない。個々人が一心に音に向き合い、耳を傾けていくことが重視される。音探究を進めるうちに、自然と他者とかかわりをもちたいという欲求が芽生える。自分の発見した音を他者に聴いてほしい、友だちが見つけた音を聴いてみたい、という欲求に基づいてかかわりが生まれる。

見つけた音にイメージをもち、音を構成していく段階では他者との学習が始まる。そこでは言葉だけでなく、音を媒介としたコミュニケーションも生じる。

このように楽器づくりの授業における協働の学習では、言葉だけでなく音や身体もかかわらせたコミュニケーションが見られるのが特徴となる。直接的なかかわりを通して学習が深められる。

(3) 意欲・社会性・創造性の育成

このように「構成活動」として楽器づくりの授業を展開していくことによって、現代を生きる子どもたちにはどのような力が育まれるのか。

第一に「意欲」を育てることができる。「構成活動」としての楽器づくりは衝動性を起点としている。音探究を通して衝動性が秩序づけられ、楽器や作品が形づくられていくと同時に内側のイメージや感情は整えられていく。そうした素材に直接働きかける行為は「素材が何であるのかを知りたい」という人間の探究の本能に基づいており、環境やものに直接かかわろうとするエネルギーを生み出す。自分の働きかけ次第で素材は柔軟に変化していく。楽器づくりの過程にはそうした楽しさがそなわっている。素材に直接働きかけるエネルギーや探究の楽しさは意欲を育む。「音探究＝楽器づくり＝音楽づくり」の連続的発展を支えているのがこの意欲である。生の素材やものとのふれあいが激減している現代社会に生きる子どもたちにこそ、楽器づくりという活動は直接生の素材とかかわる場を提供し、生きる意欲を取り戻すきっかけになるだろう。

第二に「社会性」を育てることができる。特に楽器づくりでは、教師が場を設定せずとも、子どもたちが自発的に他者とかかわろうとする姿が見られる。音をつなげたり組み合わせたりする行為と同時に他者とのつながりが生まれる。Aさんの後にBくんが続けて音を奏でることでカエルが池に飛び込む様子が表現される。このように楽器づくりでは音を媒介として人と人とのつながりができていく。

そして第三に「創造性」を育てることができる。「構成活動」としての楽器づくりは、既成の楽器の再現ではない。楽器の形状や素材は、子どもの感性やイメージを拠り所として選択されていく。たとえば「お化け屋敷」の不穏な響きを出すためにもっと音を響かせたい、だから箱の空間を大きくしてみた、などイメージに合わせて楽器はつくり変えられていく。既成の楽器の形状に近づけようと苦心してつくり上げる従来の楽器づくりとは異なり、イメージや感性を手がかりとして柔軟に楽器のつくり変えが起こることが「構成活動」としての楽器づくりの特徴である。既知の楽器の形にとらわれない、子どもの感性に基づいて製作活動が展開していく楽器づくりの授業では、子どもたち自身が材料をさまざまに組み合わせて新しい響きを生み出そうと努力する。そこで創造性が発揮されるのである。楽器づくりでは直接生の素材に働きかけ、その結果如何によって働きかけの仕方を変えてみるという相互作用が直接的に行われる。現代の子どもたちの多くが直面している間接的なかかわりとは異なり、直接的なかかわりは子どもたちの中に潜在していた創造性を引き出す機会となるだろう。

このように「構成活動」としての楽器づくりの授業では、現代を生きる子どもたちに「意欲」「社会性」「創造性」を育むことが期待される。いずれにも共通していることは生の素材やもの、あるいは人との直接的なかかわりである。情報化社会が進み、環境との直接的なかかわりが希薄になっている現代にこそ、「構成活動」としての楽器づくりの授業は、生の素材やもの、人との直接的なかかわりの場を提供し、子どもたちが本来もっている感性を目覚めさせるきっかけになるのではないだろうか。

4 「構成活動」としての楽器づくりが育む想像力

小島律子

(1) 想像力とは何か

想像力とは一般的には空想とか連想する力と思われているが、ここでいう想像力はそれとは違う。現在の経験を過去の経験と結びつけることで未来の可能性をとらえる力とでもいえよう(1)。

それは何も特別な能力ではない。子どもは日々の生活経験で常に働かせている。三月になって陽ざしが明るくなってきたのを感じ、鳥の鳴き声もよく耳にするようになると「そろそろあそこの空き地に土筆が出てくるのではないか」と思う。そして思うだけでなく土筆を探しに空き地に出かける。ここにも想像力が働いているのである。

陽ざしや鳥の様子の変化を感じ取るというのは現在の経験である。土筆が出ているというのは現在ではなく過去の経験である。過去に偶然通りかかった空き地で土筆を見つけたことがあった。暖かくなってきたという現在に過去の経験から意味を引き出して現在の経験を意味づけ、二、三日したら空き地に行ってみようという未来の経験を思う。これが過去と現在と未来を結びつける想像力である。

ここで重要なことは、現在の春の情景と空き地で土筆が揃っている情景、春になると土筆が顔を出すという知識、摘んでいる自分の姿、摘んでいる時のわくわく感、そのような個別のイメージや感情や概念すべてが一瞬のうちに、その子にとって一つのまとまりをもったイメージでとらえられているという点である。ここに想像力の本質がある。つまり、想像力は経験したことを一つのまとまりのある全体性あるものにするという機能があるということである。だからこそ、空き地に行ってみようという意志が生じ、行動になっていくのである。

このように想像力は、時間的、空間的に離れているものをつないで全体としてのまとまりをもった経験をつくる。デューイはそのことを次のようにいっている。「想像力とは、事物が統合的な全一体をなしているように見たり感じたりする仕方（a way of seeing and feeling）のことである」(2)。つまり、想像力とは、事物をバラバラの存在ではなく、一つの全体を成しているように見たり感じたりする仕方のことであり、そのような力である。

なぜ、子どもの成長に想像力の育成が重要かといえば、想像力は離れているもの、異なるものをつなぐ力であり、それが経験の連続性をつくっていくということ、そしてそのことによって、自分にとっての経験の意味を拡充していくからである。

ところで想像力は感性と関係が深いので、両者の関係を押さえておきたい。感性とは、外界の刺激を感覚器官を通して、自分にとって価値のあるものとして受け止める能力を指す(3)。ここでの外界は触れることのできる現実である。人は感性により感覚的イメージで外界をとらえる。さまざまな質の世界を開示し発見させてくれるのである。三月の陽ざしの変化をほっこりした暖かいイメージでとらえ、自分にとって価値あるものとして感じるのは感性である。現在の経験から得る感覚的イメージを統合して過去の経験から意味づけるのが想像力である。そしてその意味づけは未来を射程に入れてなされる。したがって想像力が働くには感性が前提となっているといえる。

(2) 楽器づくりにおける想像力の働き

楽器づくりにおいて想像力はどのように働くのか。まず、音探究の場面で考えてみよう。

構成活動としての楽器づくりでは内と外との相互作用が本質であった。外に楽器をつくることで、音がどう鳴り響くのかを確かめながら、自分の求める音を探していく。自分の求める音とは、自分の好きな音といってもよいが、それを探す行為は価値にかかわることであり、感性の働きによる。

空き缶を叩く時、子どもは自分の身体が生み出した音に一心に耳を傾ける。そしていいなと思う音を見いだした時、そこに過去の経験が思い出される。家族と行ったお祭りで夜空にあがっていた花火のイメージがわく。ここに過去の経験から意味が引き出され、現在の経験の意味、すなわちこの音が好きという意味に統合される。そこで、空き缶の音は単なる好きという音ではなく、お祭りのざわめきとか高揚感、家族への愛情、花火の華やかさなどを意味とする音になるのである。それが過去と現在とがつながるということである。これには想像力が働いているのである。音を探す時、このように過去の経験から豊かな質が意識にのぼってくる。

そして、それぞれの子どもが探究し見つけた音は、その後グループ活動になって音楽づくりをしていく中で関係づけられる。個々人が音探究をして選んだ音をグループになって組み合わせて音楽をつくっていく活動は、想像力なくしては不可能である。個々人がもち寄った音はその子どものイメージで選ばれた音である。それらを異なる経験を背景にした友だちの音に関係づけないと音楽にならない。単なる音の寄せ集めになってしまう。

それらを関係づけるのに働くのが、一つは反復、問いと答えといった世の中の事象の形式的な秩序であり、もう一つが子どもの内的なイメージである。もっとも前者の形式的な秩序は、後者のイメージによって関係づけられなければ子どもにとって意味ある音楽とはなりえず、ただ規則正しく並んだ音の列に留まる。いずれにしてもイメージが音を関係づけるのである。

花火のドオンという音をイメージしていた子どもは、虫の鳴き声をイメージする友だちの音を聴いて、花火を見ていた土手の草むらで虫が鳴いている情景を思い浮かべる。花火の情景のイメージが広がりをもってくるのである。そして、虫のさざめくような連続的な音に、アクセントのように間欠的に花火の爆発音を入れるような組み合わせ方を考える。それは質を浸透させて全体性をつくっていくという想像力の機能によってなされる。花火の上がる夏の夜の状況のシーンとした少し湿っぽい質を虫の鳴いている状況に浸透させていくことで「夏の夜」という統一的な雰囲気をもった作品ができあがる。このように、異なるイメージの音を結びつけるのは想像力なのである。

では、想像力がなぜ時間的、空間的に離れたものを結びつけることができるのかということである。それは、想像力が、状況が生み出す質（quality）を認識し、そこに新たな意味を与える力だからである。

人は、想像力によって、「前もこんなことがあったな」と過去の経験から現在の経験と類似した状況の質を呼び起こすことができる。「ああ、こういうことか」と、それが現在の経験に意味（meaning）を与える。その時、未来の経験も視野に入れて意味づける。それで、過去―現在―未来の経験がつなげられ、質を浸透させて全一体としてのまとまり感を感じるようになるのである。つまり、想像力は、質の認識を通して異なるものを結びつけ、経験の全体性を構成する能力といえる。

(3) 楽器づくりでなぜ想像力が育つのか

では、なぜ構成活動としての楽器づくりで想像力が育まれることになるのか。

第一に、構成活動は子どもたちが日常生活で感受した質を表現させやすい活動だからである。子どもたちは日々、日常生活で内面に想像力を働かせている。それを表現する機会を与えてくれるのが構成活動である。楽器づくりの場合、日常生活で馴染んでいる素材を使うことから、普段からそれらが生み出す音を耳にしている。音はその時のイメージや生活感情と結びついている。たとえば雨の日に歩いていて、傘にあたる雨の音を聞きながら雨粒が踊っているように感じたりする。留守番をしていて、トタン屋根にあたる雨の音が大男の足音のように思え、怖くなっておかあさん早く帰ってこないかなと思ったりする。このように子どもたちは、日常生活において状況の質を豊富に感じ取って想像力を働かせている。

楽器づくりは、このような子どもの質的な経験を音という質的な媒体によって表現する活動である。植木鉢を叩くと雨の音のように聞こえる。そこから過去の雨の日に感じた、雨粒が踊っているようなイメージがわいてくる。音は形象をもたない抽象的な存在なので、その質が直接的に植木鉢の音と雨の音とを結びつける。その点で楽器づくりでは日常生活でのイメージや感情が想起されやすいと考えられる。

第二に、構成活動は、生活で見慣れたものに新しい意味を付与し、構成し、まとまりのあるかたちにしていく活動だからである。

楽器づくりは、まさに、生活の中で聞きなれた音に新たな意味を付与することから始まる。たとえば子どもたちは空き缶の音に、北風とか雨粒とか新たな意味づけをする。そして、それら見つけた音を構成して、まとまりある音楽をつくる。まさに、想像力の本質である全体性を構成するという機能に重なる活動といえよう。

したがって、構成活動としての楽器づくりでは、楽器をつくるとか音楽づくりをさせることよりも、音探究を十分に経験させることが大事になる。ペットボトルでいろいろな音を発見させ、それらが子ども自身にいろいろな生活経験を想起させてくれるということが大事なのである。

そこを重要視することなく、手づくり楽器をつくらせ、すぐにリズムアンサンブルをさせることは手づくり楽器の可能性をまったく無にすることになる。またカスタネットのような既製の楽器の音で音探究させることは、想像力の開発に効果は期待できない。子どもにはカスタネットの音はカスタネットの音として受け止められ、生活経験の質を呼び起こす音にはなりにくいのである。楽器づくりは身近な素材を使って音探究を思う存分させ、構成活動として展開することが想像力の開発を促すことになるのである。

〔注〕

1　**これまでの楽器づくりの概観**

(1)　平井建二（一九八二）「一九二〇・三〇年代の音楽教育の動向に関する一考察―奈良女子高等師範学校附属小学校を中心に」日本音楽教育学会『音楽教育学』一一号、三一〜三二頁。

(2)　同上論文、三二頁。

(3)　コールマンの記述に関しては、Satis N. Coleman (1922) *Creative Music for Children*、丸林実千代訳（二〇〇四）『子どもと音楽

創造』開成出版、に基づいている。

(4) 柏木正「授業づくりと学力モデル」二四頁、田中耕治編（二〇〇七）『よくわかる授業論』ミネルヴァ書房。

(5) 佐藤学（二〇〇五）『米国カリキュラム改造史研究』東京大学出版会、一八六、一九一〜一九二頁。

(6) 桂直美（一九九八）「S・コールマンの『創造的音楽』の再評価―『発生的方法』による教科カリキュラム観転換への視点―」『カリキュラム研究』第七号、二九〜三〇頁。

(7) 鶴居滋一（一九二七）「低学年に於ける唱歌学習」『学習研究』第六七号、一八八頁。

(8) 星野圭朗（一九九三）『創って表現する音楽学習　音の環境教育の視点から』音楽之友社、七六〜八九頁。

(9) 降矢美彌子・安孫子啓・橋本牧・山﨑純子（二〇〇七）「音楽教育における楽器作りの意義」『宮城教育大学紀要』第四二巻、九二〜九三頁。

(10) 桂直美（一九九四）「『弥生の土笛』による単元の開発：音楽の授業における主体的探究のあり方について」『三重大学教育学部研究紀要教育科学』四七〜四九頁。

2　**「構成活動」としての楽器づくりの原理と構造**

(1) 笠原潔（二〇〇四）『埋もれた楽器―音楽考古学の現場から』春秋社、七七頁。

(2) 徳丸吉彦（二〇一〇第三版）「楽の器」笠原潔・徳丸吉彦『音楽理論の基礎』放送大学教育振興会、一九八頁。

(3) デューイ、鈴木康司訳（一九六九）『芸術論―経験としての芸術―』春秋社、六三頁。

(4) 同上書第四章「表現活動」に詳しい。

(5) 降矢美彌子も楽器作りは感性へ働きかける情報量が質と量において圧倒的に多いことを指摘している。降矢美彌子他（二〇〇七）「音楽教育における楽器作りの意義」『宮城教育大学紀要』第四二巻、一〇〇頁。

3　**「構成活動」としての楽器づくりの方法**

(1) 小島律子（二〇〇一）「『総合的な学習』における学習方法としての『構成活動』の有効性」『日本デューイ学会紀要』第四二号、一七四〜一七九頁。

(2)　山上裕子（二〇〇四）「デューイの求めた『手工』の意味に関する考察—『生の素材』に注目して—」『日本デューイ学会紀要』第四五号、一五四〜一六一頁。
(3)　Dewey, J., *Democracy and Education*, The Free Press, 1915 (1958), p. 139.
デューイ、帆足理一郎訳（一九五九）『民主主義と教育』春秋社、一四一頁。

4　「構成活動」としての楽器づくりが育む想像力

(1)　小島律子（二〇〇八）「授業実践にみるデューイの教育方法としてのイマジネーションの機能」『日本デューイ学会紀要』第四九号、八七〜九六頁参照。
(2)　デューイ、鈴木康司訳（一九六九）『芸術論—経験としての芸術—』春秋社、二九五頁。
(3)　小島律子（二〇〇四）「感性」日本教育方法学会編『現代教育方法事典』八四頁。

第2章

「構成活動」としての楽器づくりの実践

1 「構成活動」としての楽器づくりの実践の視点

兼平佳枝

(1) 授業づくりの方法とポイント

ここでは、これまでに述べられてきた楽器づくりの理論をふまえた授業実践をするにはどうしたらよいか、授業づくりの方法と指導のポイントを述べていく。

① 指導内容の設定

楽器づくりの実践では、まず身近な素材に目を向け、その素材から生み出される音に耳を傾けることから始める。今回取り上げた実践事例で扱っている素材は、ペットボトル、紙、空き缶、水、ボウル、鍋ぶた、竹等々、どれも子どもにとっては身近な素材である。身近であるが故に、普段は何気なく聞き逃している音色に耳をひらかせていくことに、音探究としての楽器づくりの意義があるのである。したがって、楽器づくりの実践の軸となる指導内容は「音色」が適切と考えられる。

② 授業計画の枠組み

楽器づくりを音楽科の学習として成立させるためには、音楽科の学力育成を保証することが必要である。そのために「教育は経験の再構成である」というデューイの理論に基づき、【経験・分析―再経験―評価】という枠組み(1)で単元構成を考えるとよい。ただし、構成活動では「経験」と「分析」は短いスパンでつねに行きつ戻りつして経験が展開していくという特徴がある。そこで、本書の事例では次のようなステップで単元構成を行っている(2)。

ステップ	学習活動
経験・分析	○音色を意識して素材との相互作用を行い、どのような音を出せるかを見つける。 ○見つけた音はどんな音か、どんな感じがするかを、互いに紹介し合う。
再経験	○互いに見つけた音色を関連づけて、ペアやグループで音楽作品をつくる。
評価	○互いの作品を聴き合い、交流する。

以下、【経験・分析—再経験—評価】のステップごとに活動の内容と指導のポイントを述べていく。

③「経験・分析」のステップ

楽器への衝動的なかかわり

「構成活動」としての楽器づくりの授業において重要になるのは、子どもの衝動性を発端として学習活動を展開していくということである。では、子どもの衝動性を発端にするとは、どのようなことか。たとえば、植木鉢や鍋ぶたがつるされているのを見ると、特に理由もなくなぜか無性に叩いてみたくなる。私たちは、子どもの頃はもちろん、大人であっても、はじめて見るものに対して、思わず触ってみたり叩いてみたりしたいという衝動に駆り立てられる。構成活動としての楽器づくりでは、このような衝動性を起点とした学習活動の設定が不可欠となる。まずは、子どもがガンガン鳴らそうとも、教師はさえぎることなく好きなように音を鳴らさせ、子どもの衝動性を目覚めさせ発揮させることが大事である。

なお、楽器の準備について、学校で準備しておくのか家からもってこさせるのかという問題がある。これは重要な点といえる。事例9《木・石・金属・陶器》ではさまざまな素材を扱ったので、学校で準備しておいた。しかし二時間目に家からもってこさせるようにしたところ、素材に対する生徒の態度が全く違った。家からもってくる時は必ず家で音を出して、気に入ったものを選んでもってきている。すでに選択行為を経ているので愛着もあり、音探究も集中してできていた。そういう点からなるべく家からもってこさせるのが望ましい。

音探究における反省

しかし、衝動性のおもむくまま好き勝手に音を鳴らすだけでは、学習として成立しない。そこで、たくさん発見した音の中からお気に入りの音を選んだり、見つけた音を擬音語で表したり、どんな感じがするかを紹介し合ったりする活動を設定する。これにより、子どもは今までただ衝動的に出していたさまざまな音に耳を傾けざるを得ない状況におかれる。そして、自分の行為とその結果どのような音が鳴っているのかという、手段と結果との関係を意識するようになる。これが「反省」である。ここで、自分が出した音色に注意が向き、音色を知覚・感受するようになる。つまり、指導内容とした音色の学習の場となるのである。

事例1《ペットボトル・マラカス》の場合

子どものつくったペットボトル・マラカスを鳴らしたいという衝動性を発端として、まずは楽器を鳴らして遊び、見つけた音を友だちに紹介するという活動が設定されている。具体的には、まず、中身の素材がそれぞれ異なるペットボトル・マラカスを友だちと一緒に鳴らしたり、交互に鳴らしたりというような遊びの場が十分に確保されている。次に、リレー奏を行い、気づいたことを発表し合う場面が設定されている。ここでは、「お米の量で音が変わる」「Tさんはビーズがシャカシャカいって、私は小豆でザーザーといっていた」のように、中身の素材を比較しながら、子どもにさまざまな音が意識されてくる。

音楽の構成原理の提示

音を音楽に構成していく時、何か手がかりがあると活動が発展しやすい場合もある。このような時、反復、問いと答え、漸増漸減のテクスチュア、対比等の素朴な構成原理を提示すると、子どもたちは音にイメージがもちやすくなり、活動がイメージを軸にした音楽づくりへと進展しやすくなる。

そこで、音楽づくりへの手がかりとして、反復、問いと答え、漸増漸減のテクスチュア（音と音とのかかわり合い）、対比といった音楽の構成原理を副次的な指導内容として設定することも考えられる。提示する構成原理は、音色の特質を最大限生かすことのできるものを一つ選ぶ。たとえば、余韻が響く持続音が特徴である事例4《つるしたものの音》の場合は、その持続音を十分に味わうことができるであろう「オスティナート」（同型の反復）を指導内容として設定している。また、こするスピードや強さによって持続する音の中にも変化をつけることが可能であり、ペアで鳴らし合うと、まるで会話をしているように聴こえる事例5《こする音》の場合は、「問いと答え」を指導内容として設定している。

④ 「再経験」のステップ

音に対するイメージの関連づけと曲の構成

音のイメージがもてたところで、グループ（あるいはペア）になって、音探究を通して見つけた互いのお気に入りの音を、想像力を働かせて関連づけながら一つの音楽作品をつくっていく。ここでは、子ども同士が自らの判断で互いのイメージを関連づけ、そこから新たなイメージを生み出し、その共有化を図る活動となることが重要である。教師が先走ってそれぞれの子どものイメージを関連づけるようなことは避け、停滞気味のグループには、子どもたちの音を互いに聴かせ、イメージを問うような働きかけを行う。

事例2《紙太鼓》の場合

ペアで一つの作品をつくる場を設定する。SくんとNさんのペアでは、それぞれのつくった紙太鼓でのお気に入りの音を、Sくん「インディアンみたいな音。ゾウのような音」、Nさん「家のネコが歩く音」と紹介し合った。そして、「ゾウのような音」「家のネコが歩く音」というイメージを互いに関連づけるために想像力を働かせ、お気に入りの音を生かしてそれを主人公に見立てて、「ゾウさんとネコさんがリレーをして遊ぶお話」というイメージに統合された。さらに、このイメージの実現に向けて、ゾウとネコが具体的にどのような会話をしているのかを話し合いながら決めていった。

交流のための中間発表

ある程度できてきたところで、作品の中間発表の場を設定する。ここでは、全部のグループを発表させるのではなく、共有化したイメージを具現化するために音楽の構成要素の工夫をしているグループを取り上げる。というのも、中間発表の目的は、イメージの表現と音楽の構成要素の工夫との関係に着目させることだからである。そのため、イメージを実現するために音色を追究していく過程で、音色と組み合わせて音色以外の構成要素を工夫しているグループを抽出する。さらに中間発表の際は、作品のテーマやその具体的なイメージを口頭で発表してから演奏させるとよい。

これにより、演奏を聴く側の子どもたちも、そのイメージを思い浮かべながら音楽を聴くことで音楽的な工夫もとらえやすいし、音楽に共感したり、逆に「あの音は何を表していたのだろう」といった問いをもったりして聴くことができる。また、抽出グループ側にとっても、他の子どもから作品に対する感想をもらったり、質問をしてもらったりすることで、さらに「よりイメージが伝わるようにするにはどのようにしたらよいだろうか」という問題意識をもってその後の活動を行うことにつながる。

⑤「評価」のステップ

学習のまとめとして、互いの作品を聴き合う発表会の場を設定する。最終発表においても、中間発表と同様に演奏の前にテーマや作品の工夫点などを発表させることで、互いの作品をイメージ豊かに聴くことができる。

また、指導内容である音色や副次的な指導内容の「オスティナート」や「問いと答え」等が学習できたかを評価するためのアセスメントシート（単元の最後で学習状況を確認するための問題用紙）を記入させることにより、子ども自身が自分の学びを振り返ることになるとともに、教師にとっては、子ども一人ひとりについて指導内容が確実に定着しているかを確認できる場ともなる。

みたい。

(2) 楽器づくりの学校教育における位置づけ

次に、このような楽器づくりの授業を学校の教育課程にどう位置づけることができるか、その可能性を考えてみたい。

① 音楽科のカリキュラムにおける位置づけ

楽器づくりにおける音楽科の学力育成

本書が提案する楽器づくりは、音探究＝楽器をつくることそのものであり、楽器をつくること＝音楽をつくることそのものとなるという立場をとっている。したがって、これまでの楽器づくりのワークショップで見るような、既成の楽器のミニチュア版や簡易版をつくるような楽器づくりとは、本質的に異なるものである。したがって、楽器づくりの授業は、子どもの学力育成をねらいとして音楽科のカリキュラムに明確に位置づけられるものとなる必要がある。

では、音楽科で育成する学力の中核をなすものは何か。それは、音楽を形づくっている要素を知覚し、その特質を感受する能力である。音楽を形づくっている要素（リズム、旋律、音色、強弱、速度等）は、平成二〇年の学習指導要領においては〔共通事項〕として位置づけられている。つまり、楽器づくりの授業は、音楽づくり（小学校）・創作（中学校・高等学校）の活動を通して、主たる指導内容である「音色」を知覚し、その特質を感じ取る活動を十分に行い、それをベースとした表現活動を行うことを通して、音楽科としての学力の育成をめざすものである。

楽器づくりから日本伝統音楽の学習へ

楽器づくりの授業で子どもが表現したいテーマとして挙げるものには、わくわくしながら見上げた花火の風景だったり、夏の終わりの夕方に涼風がふっと吹いた時に物悲しげに風鈴が鳴り響いている様子だったりすることがよくある。これは、日本の自然や風土の中で生活し、生きてきた子どもの生活のひとコマである。つまり、そこでの生活のひとコマと今自分が鳴らしている音を関連づけているということは、それらに伴う感情や雰囲気等を想起させる音を自分にとって価値あるものとして選択しているということになる。

日本の音楽の本来の姿は、音楽現象の外面ではなく、その内側に宿っているという。それを見つめること、見のがさないことこそが重要であり、そうすることで、音楽を通して日本人の心性にはじめてアプローチできるとされる(3)。したがって、音探究としての楽器づくりの授業は、日本伝統音楽の学習へとつながる道筋をつくることになるといえよう。

実際に、事例6《一弦箱》では、楽器づくりの授業の発展として文楽三味線の演奏家をゲスト・ティーチャーとして招き、チーム・ティーチングを行い、三味線音楽の鑑賞を行う試みが行われた。また、事例11《団扇》では、楽器づくりの授業後に、黒御簾音楽の「雨団扇」を視聴することで、歌舞伎《鳴神》の雨のシーンを中心とした鑑賞の学習へと発展した試みがなされた。これらの実践から、楽器づくりの授業が日本伝統音楽の学習へと展開していく可能性を読み取ることができる。

② 教科や生活科・「総合的な学習の時間」との関連

一方、楽器づくりの授業を発端として、他教科や生活科、総合的な学習の時間へ発展させることも考えられる。楽器づくりにおいては、音探究に没頭することを通して自分のお気に入りの音の出せる楽器に愛着をもつようになる。そして、その愛着心がベースとなって、音のみならず、楽器の見た目やフォルムにもこだわりを強くもつようになっていく。たとえば、事例1《ペットボトル・マラカス》では、ゴマやマカロニ、ビーズ、コーヒー豆等、さまざまな素材を中に入れたり、その量を調整したりして音探究をしていった。そして、気に入った音色を見つけ、その音色からのイメージを実現するための鳴らし方を工夫していく中で、その楽器に愛着をもって大切に扱うようになり、ペットボトルに絵を描いたり、色を塗ったりして、見た目の美しさにもこだわっていくようになったという。

また、事例11《団扇》においては、団扇を二枚重ねにして間にペットボトルのふたを挟み込みパカパカ鳴るようにする、紙を剝《は》いで骨だけにしてギロのようにこすって鳴らす、紙の代わりにアルミホイルを貼り細かいビーズを入れてサラサラと鳴るようにする、曲げて弦を張り竪琴のように爪弾くなど、団扇の原型をとどめないほどに形を変えられ、楽器につくり変えられていったという。その形や見た目のおもしろさには、目を見張るものがある。これらの事例に見られるように、子どもたちが楽器づくりでもったイメージを基盤としながら、図画工作科・美術科と連動させた学習活動を展開することが可能である。

さらには、楽器づくりの学習における素材との直接経験をもとに、理性的認識に目を向けることも可能であろう。事例3《空き缶》では、あるグループ活動において空き缶との相互作用を行ううちに「だんじり」「手拍子」「釘打ち」というイメージが出てきて、最終的に「釘打ちだんじり」というテーマが決まった。そして、テーマに合うように音を重ねたり、終わる時にみんなで息を合わせたりするという表現の工夫がなされていった。ここで、地域のだんじりの歴史やお祭りの意義等について考える「総合的な学習の時間」へと発展していくことも考えられる。これにより、楽器づくりで表現しただんじりの祭り囃子の高揚感と、祭りの歴史や文化的背景とが結びつくことで納得と実感を伴った一つの経験となると考えられる。

さらに、事例4《つるしたものの音》では、植木鉢の中の方を叩くとよく響くが、端の方を叩くとあまり響かないといった叩く場所による音の違いや響き方の違いの発見があった。また、事例6《一弦箱》では、弾く場所や弾き方、柱の立て方や輪ゴムに対しての空洞のつくり方を変化させることで音色が変化することを発見し、一弦箱とのかかわり方によって音色がどんどん変化していくことのおもしろさに夢中になる子どもの様子が見られたという。ここからは、音という現象面に目を向け、それが物体の振動が空気の振動となって耳に伝わるものであるというような、理科の学習へと発展していくことも考えられる。

いずれの場合も、素材との相互作用をくり返し行い、そこで素材に働きかけたことと、働き返されたこととの関係性について、子ども自身が認識することが重要になってくる。その際、教師自身が論理や記号で表される知識・理解にかかわることのみならず、音や色、身体の動きでしか表せないことや「○○な感じ」「△△みたい」としかいい表せないような質的なことに価値を見いだしていくことが、子どもの感性の育成に直結するとともに、子どもの実感と納得を伴った事象の認識へとつながるのである。

〔注〕

(1) 小島律子(二〇一二)「生成の原理に基づく音楽科の単元構成の論理」『学校音楽教育研究』第十六巻、三~一二頁。

(2) 小島律子・関西音楽教育実践学研究会(二〇一〇)『学校における「わらべうた」教育の再創造―理論と実践―』黎明書房、三四~三五頁。

(3) 水野信男(二〇〇八)「序章―伝統音楽へのいざない」久保田敏子・藤田隆則編『日本伝統音楽を伝える価値―教育現場と日本音楽―』京都市立芸術大学日本伝統音楽研究センター、五頁。

2 実践事例

事例1　《ペットボトル・マラカス》小学校1年生

横山朋子

ペットボトルは子どもたちの身近にある素材であり、中身を出し入れしやすいという特徴をもつ。そのため、子どもたちは直感的にペットボトルの中に入れるものをいろいろ試したり、量を調節したりしながら、自分の楽器をつくっていくことができる。また、ペットボトル・マラカスは単純な打楽器であり技能的な負担が少ないことから、子どもたちは鳴らし方をさまざまに工夫することもできるのである。

本単元では、子どもが音色に着目し、ペットボトル・マラカスの中身をさまざまに試していく中で、音遊びから音楽づくりへと活動を展開させたい。ドングリを一つずつ増やしながら音色の違いを発見したり、ゴマや豆、ストロー、ビーズ等、いろいろな素材の音色を楽しんだりすることで、子どもたちは主体的にペットボトル・マラカスの音色を探究していく。このような音探究の中で子どもたちは想像力を働かせて、いいなぁと思う音色を見つけていくのである。子どもたちがいいなぁと感じる音色から音楽作品づくりへと発展させることで、遊びから学習へと活動が展開していく。

○授業の概要

指導内容：音色

指導計画：全三時間

〔経験・分析〕　ペットボトル・マラカスの中身の素材や量をいろいろ試し、いいなぁと思う音色を探る。さまざまな音色を交流し、音色について知覚・感受する。

〔再経験〕　音色を意識して、イメージにあった音楽をつくる。
〔評　価〕　つくった音楽を発表し、交流する。

○子どもたちの様子

(1)　音探究

①　楽器への衝動的なかかわり

楽器を鳴らしたいという子どもの衝動から、まずはペットボトル・マラカスで遊び、友だちに紹介する音を見つける活動を設定した。子どもたちはペットボトル・マラカスをいきおいよく振ったり、耳に当てながらその振動を感じたりして、全身を使って楽器に働きかけるのである。しばらくすると、ペットボトル・マラカスを友だちと一緒に鳴らしたり、交互に鳴らしたりして遊び始める。

次にペットボトル・マラカスの音を意識させるために、一人ずつ順番に音を紹介していくリレー奏を行い、気づいたことを発言させた。子どもたちは、友だちのペットボトル・マラカスの音を集中して聴いており、「お米の量で音が変わる」のように中身の量に着目したり、「Tさんはビーズがシャカシャカいって、私は小豆でザーザーといっていた」のように中身の素材を比較したりしながら、さまざまな音を意識するようになる。そして、友だちが鳴らした音を自分も鳴らしてみたい、ペットボトル・マラカスの中身（素材、量）をいろいろ試してみたいという欲求が生まれるのである。

さまざまな音の中から、いいなぁと思う音色を見つけることをねらいとし、ペットボトル・マラカスの音を探

究する活動を設定した。中身を出し入れする時に使う紙皿と、ゴマ、ストロー、ビーズ、クリップ等さまざまな素材を用意した。子どもたちは、どのような音色がするかという意識を働かせながら、中身の量を調節したり、さまざまな素材を試したりする遊びに熱中する。また、ペットボトル・マラカスを回転させたり、ゆっくり振ったり等、鳴らし方についても工夫が見られるようになる。そして、いいなぁと思った音がすると「こんな音やねん」「これけっこう好き」と伝えながら音を鳴らしたり、おもしろい発見をすると「ちょっとだけちびいの（小さいマカロニ）、めっちゃ変なん（変な音がする）」と伝えたりしながら、思いを共有するのである。

② 音探究における反省

ペットボトル・マラカスの中身の素材をいろいろ試す中で、ある子どもがゴマの音が一番いい音がするということに気づいた。そこで、その子どもの意見「いろいろな音の中でゴマが一番いい音がしました。ゴマを入れると星がかがやく感じがしました」を皆に紹介し、その音色を聴くという活動を設定した。

子どもたちは、うんうんと頷きながら音色を聴き「星がかがやく感じ」というイメージに共感したり、「セミが鳴いているようにきこえた」「サンタクロースの鈴のような感じがしました」「小波のような感じがしました」という自分なりのイメージをもって音をとらえたりする等、想像力を働かせて音に意味を見いだしていった。また、いいなぁと思う音色を見つけるという活動を設定することで、出された音と中身（素材、量）の関係だけではなく、出された音と鳴らし方の関係についても意識されるようになり、中身の素材と量、鳴らし方をそれぞれ関連させながら自分のこだわりの音色をつくるための音探究が意欲的に展開されていった。

(2) 音楽づくり

① 音に対するイメージの関連づけ

各自がいいなぁと思う音色の楽器をつくった後は、子どもの内面に生まれたイメージを言語化させることをねらいとして、音色のイメージと擬音語をワークシートに記入させた。そして、音楽づくりの活動として、その音色のイメージを友だちに伝えるためには、どのようにペットボトル・マラカスを鳴らしたらよいか、音色を意識して鳴らし方を工夫するように伝えた。

子どもたちはイメージを表すために、ペットボトル・マラカスの中身の量を調節したり、鳴らし方を工夫したりしながら「なんか違うんだよなぁ」「ちょっと短い」等いいながら活動を進めていった。活動を進めるうちに、上下に鳴らすだけでなく、上下から左右へと鳴らし方を組み合わせたり、「小波がある感じ」から「小波や大波がくる感じ」へとイメージをより想像的なものにしたりしながら、音色の特徴をいかして作品づくりを進めていった。そこで、活動を振り返る場として中間発表の場を設定し、ある子どもの作品を紹介し、どんなイメージがするるか、工夫しているところはどこかを問うた。

たとえば、「コックさんがフライパンで料理をしている、焼いている」というKさんの作品（ペットボトル・マラカスを左右から上下へと鳴らす）を紹介したところ、「フライパンでやっているように上下左右に振る」というようにフライパンで料理をするイメージと鳴らし方を関連させたり、「ガラガラからサラサラへ」という音色の変化、「だんだん強くなっている」という強弱の変化についてもとらえていったのである。

このように音色や強弱の変化に気づくことで「最初は小さい時ちゃんとできているんだけど、だんだん大きくなるとパリパリになって、パリパリプラスフライパンでガンガンってなる音、プラス火がチッチッてなる音を足すから音が大きくなる」という時間的変化を伴うイメージが生まれ、「だんだん大きくなるとパリパリ」「火がチッチッてなる音」というように音色に意味づけがされていったのである。

音とイメージの関連づけについての具体的なやりとりは次の通りである。

―Kさんの作品を聴いて気づいたことを発言する場面―
Aさん「なんか　半分小さくて、半分が終わったらどんどん思いっきり手を動かしていました。」
教　師「はじめ小さかったらどんな感じした？」
Aさん「料理がおいしそうに焼けていった。」
教　師「だんだん大きくなったら料理どうなっていったかな。」
Aさん「こげちゃった。」
Fくん「最初はちゃんとできあがっていて、最後は……」
教　師「最初はって音が小さい時？」
Fくん「小さい方。で、だんだん大きくなっていくほど、ちょっとこげちゃって、こげてパリパリになって、そのパリパリプラスフライパンでガンガンってなる音、プラス火がチッチッてなる音を足したら、だから音が大きくなっていく。」

②　曲の構成

音に対するイメージの関連づけを通して、Fくんのイメージは「小波がある感じ」から「小波や大波がくる感じ」へと時間的変化を伴うより想像的なイメージへと変化し、鳴らし方は「ゆるく↓強く↓（ロケットが発射する絵。ロケットの絵には「波を鳴らす時のように」と交差した矢印がメモされている）」のように、鳴らし方を組み合わせ、イメージをもって鳴らし方と音との関連づけが行われる。小波や大波を表すために、鳴らし方と音色、強弱の追究が行われ、Fくんはペットボトルの中身の動きを確認しながら鳴らし方の工夫を行い、時には楽器を耳元で鳴らし音を確かめながら、小波から大波へと変化していく様子をより詳細に表現していったのである。

○考　察

①　想像力

子どもはペットボトル・マラカスの中身をいろいろ試し、素材や量の違いが生み出す音色の違いを追究する過程で、「チカッチカッ」「ざあざあ」等の擬音語で表したり、「ソーダの泡が溶ける感じ」「海の波がおしよせてくる感じ」等の質を感じとったりしながらいいなぁと思う音を識別していった。そして、出された音と中身（素材や量）、鳴らし方を関連させながら音楽づくりを進める中で、はじめに抱いたイメージが「大波や小波がおしよせてくる感じ」といったような時間的変化を伴う情景的なイメージへと変化していったと考えられる。

②　音に対する感性

子どもたちはさまざまな素材を試す中で感性を働かせており、ある子どもは、ゴマが一番いい音と価値づけ、その理由として星がかがやく感じがするというイメージを挙げる。ゴマの音をいいなぁと感じ、自分にとって価値あるものとして選択するのである。この選択は、過去に夜空に星がかがやいているのを見ていいなあと感じた質とゴマの音の質が結びついたことによって行われる。つまり、音を価値あるものとして選択する行為は、子どもたちの過去の経験を基盤として行われており、子どもたちの生活の中から音楽が生まれると考えることができる。

③　学　力

子どもは、「小波や大波がある感じ」というイメージの実現のため、意欲的に音探究を行った（関心・意欲・態度）。そこでは、ペットボトル・マラカスをゆるく鳴らした時の音色と、強く鳴らした時の音色を知覚・感受し、強く鳴らす時には、ロケットが発射するイメージで交差して鳴らすといったような詳細な表現の工夫を取り入れていった（音楽表現の創意工夫）。また、出された音を振り返り次の音へとつなげ、ペットボトルの中身の動きを確認しながら実際の演奏へと結びつけていった（音楽表現の技能）。表現領域において育てる学力が実現されている姿であると考える。

④　コミュニケーション

今回はグループではなく各自で音楽づくりを行ったが、いいなぁと思う音が見つかったり、おもしろい発見をしたり等、さまざまな場面で友だちとかかわる姿が見られた。

ドングリを一つずつ入れて音色を確かめているKくんの周りに興味をもった子どもたちが集まり、Kくんにドングリを手渡す手伝いを始め、一緒にその音色の違いを楽しんでいた。また、同じ素材を試している友だちの音を聴き「中身一緒やねんで。容器が違ったら音が違う」という容器による音色の違いを発見したり、友だちの音に興味をもち「マカロニってどんな音がするの？」と問いかけ、ペットボトル・マラカスを鳴らし合い、友だちの音と自分の音を比較し、音を確かめる姿も見られた。このように、音を中心としたコミュニケーションを常に行いながら、音遊びから音楽づくりへと活動が進められていった。

事例2　《紙太鼓》小学校2年生

太田紗八香

紙は、その素材や厚さなどに適した用途で、私たちの日常生活に用いられている。生活空間をつくる障子や襖、用件を伝える手段としての手紙等、さまざまな場面で使用する他に、子どもにとっては、折り紙で紙飛行機を折ったり、折り目をつけるためにこすったり、また新聞紙を破ったり、くちゃくちゃにしてみたり、切って変形させて服のように身にまとったりなど、遊びの道具でもある。このように遊びの中で紙に対して行う操作によって、子どもは紙から発する音を日常的に耳にしているのである。つまり、紙は子どもにとって操作しやすく馴染み深い素材であるといえる。
　本単元で子どもがつくる楽器は、缶や筒に紙を張った紙太鼓である。缶や筒の形状、深さ、あるいは紙の質感によってさまざまな響きの違いを生み出すことができる。まずは素材となる紙から音を出す活動を十分に経験させた後、缶や筒に紙をしっかり張り、紙太鼓を作製する。自らの手で紙太鼓を作製していく過程の中で、子どもは紙だけによる音色の響きが空間によって変化すること、あるいは素材や叩くもの、場所によっても違いが出ることを発見しながら音探究していく。

子どもがつくった紙太鼓の例

○授業の概要

指導内容：音色

指導計画：全三時間

〔経験・分析〕　用意した筒やさまざまな素材の紙を使って、紙太鼓をつくる。つくった紙太鼓でいろいろな音を鳴らし、音色の特徴を知覚・感受する。

〔再経験〕　音色の特徴をふまえて自分の紙太鼓をある主人公に見立てる。ペアになり、問答形式を使って紙太鼓で会話をする。

〔評　価〕　つくった音楽を発表し、自分の紙太鼓についての紹介文を作成する。

○子どもたちの様子

(1) 音探究

① 主体的な紙の音探究

まずは、素材である紙との相互作用の時間を十分に確保するため、厚紙やケント紙、半紙などさまざまな素材の紙と、毛糸巻きやゴム球のものなどさまざまな種類のマレットやバチを用意し、ペアの友だちとともにいろいろな音を出してみるように促した。すると子どもは自ら紙を選びとり、マレットやバチで紙を叩いて次々に試していった。つまり、紙の素材の違いによって変化する新たな音色との出合い自体がおもしろく、子どもにとって興味深い活動であったのであろう。このように紙を叩くことによって生じる音色を友だちと共有しながら、発見の喜びとともに主体的に音探究に没頭していく姿があった。

② 音探究における反省

このように十分に紙との相互作用を行う中で、子どもは聴こえてきた音色の質をとらえ、生活経験の中で耳にしたことのある音と結びつけながら音探究を進めていった。SくんとNさんのペアは、さまざまな紙を叩いて音色を探究する中で、和紙をバチで叩いた時の音色が布団たたきの音色に似ていると発見し、何度も音色を出しては「布団たたきで、すごい煙が出てるような……」とイメージを膨らませていった。そこで、二人が発見した布団たたきのような音色を全体に紹介し、交流する活動を設定した。二人が発見した音色が本当に布団たたきのような音色に聴こえるかなと全体に問いかけ、布団たたきをイメージしながら紙の音色を聴くように意識させた。するとクラス全員が口々に「おお！　布団たたきや！」「布団たたきみたい」と声に出して驚き、「自分の紙の音

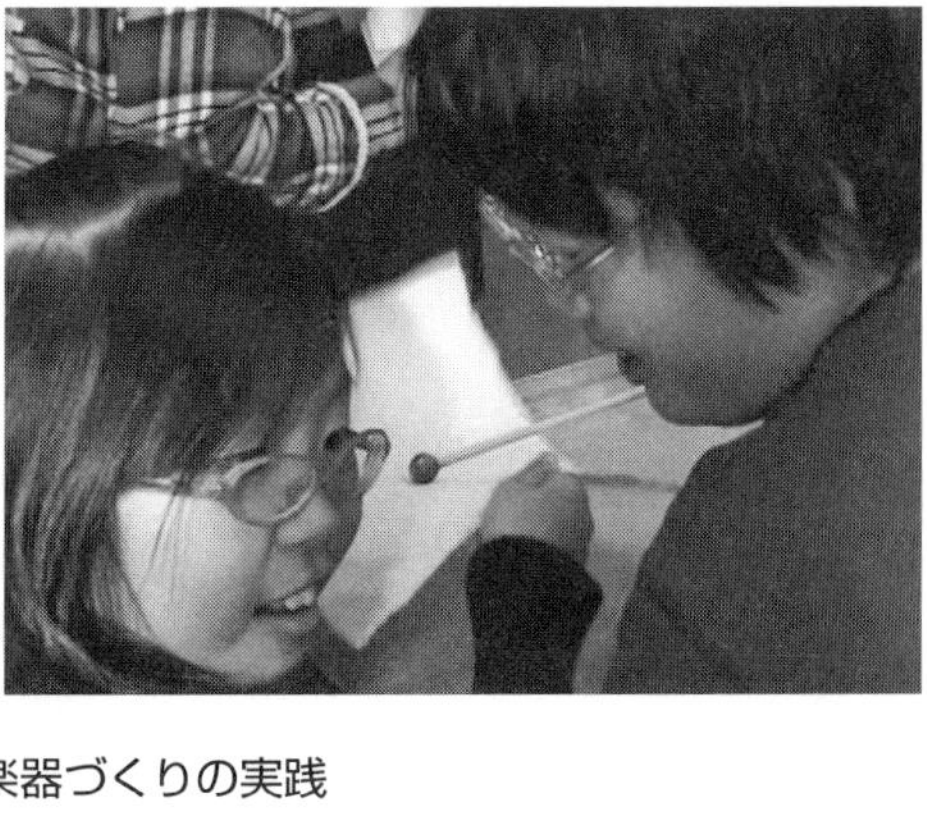

色は何の音に聴こえるかな?」と促すと夢中になって紙の音色に耳を傾け、音色に対する反省が深められていった。このように、友だちが発見した音色の質を共有することで、紙の音色と生活経験で耳にしたことのある音色のイメージとが結びつくということのおもしろさを知るきっかけとなり、衝動的に出していた音が反省的にとらえられていった。

十分な紙との相互作用の後、お気に入りの紙を缶や筒にしっかりと貼り、紙太鼓を作製した。紙を缶や筒に貼ることによって、また別の音色が生まれるであろうということを直感的に感じ取っていた子どもは、「どんな音になるんかな」と期待しながら夢中になって作製していた。完成するとすぐに太鼓を叩き、「なんやろこの音、なんか、どこかの民族みたいな……」「お寺の鐘みたいに響く」などと変化した音色に対して自らの感性を働かせる姿が見られた。また、完成した自分の紙太鼓の音色を友だちに紹介する場面では、奏法や叩く場所、叩く状態によって音色が変化することも発見していった。具体的には次のようなやりとりである。

Nくん「ぼくは、自分の太鼓が、ゆっくり叩いたら、ゾウの足音のように聴こえました。」(手で紙太鼓をもって、えんぴつで叩く)
Nくん「あれ、さっきとなんか音が違う。」
全　員「(机に)置いたら?」
Nくん「(机に置いてもう一度叩いてみる)あ、こんな感じ。」
Kさん「私は、真ん中を叩いた音とか、はしっこを叩いた音とかが、はしっこを叩くと小さくなって、真ん中を叩くと大きくなることを発見しました。」(叩いてみる)
全　員「ほんまや!」

ここではNくんのように自分が気に入った音色は机に置いた状態での音色であったことに気づいたり、またKさんのように叩く場所による音色の強弱の違いを発見したりしていった。このように、紙太鼓の音色が紙と空間との関係性によって変化するという楽器の構造についても自然と理解していくことになった。

(2) 音楽づくり

① 音に対するイメージの関連づけ

各自が紙太鼓のお気に入りの音色を見つけた後、友だちの紙太鼓の音色を聴き比べ、音色の特徴からイメージした主人公に見立てる活動を設定した。子どもは「Fくんがここのところ（紙の部分）を叩く時に、サイの足音に聴こえました」「Iさんのは、サイの子どもみたいに聴こえました」というように、紙太鼓の大きさに比例した音色の違いから親子のサイの足音をイメージし、音色の質をとらえて主人公のイメージと結びつけていった。次に、自分たちの紙太鼓をある主人公に見立て、ペアの友だちと紙太鼓で会話をする活動を設定した。たとえば、SくんとNさんのペアでは以下のように各自のお気に入りの音を生かした主人公に見立て、会話をつくっていった。

SくんとNさんのペアでは「リレーをして遊んでいる」という共通のイメージをもち、イメージの実現に向けて、主人公が具体的にどのような会話をしているのか話し合いながら決めていった。

まずNさんが「リレーをしよう」と言葉を唱えながら等拍で七拍叩くと、Sくんがこれに応えて「リレーをしよう」と二拍目を伸ばして叩く。これを受けてNさん

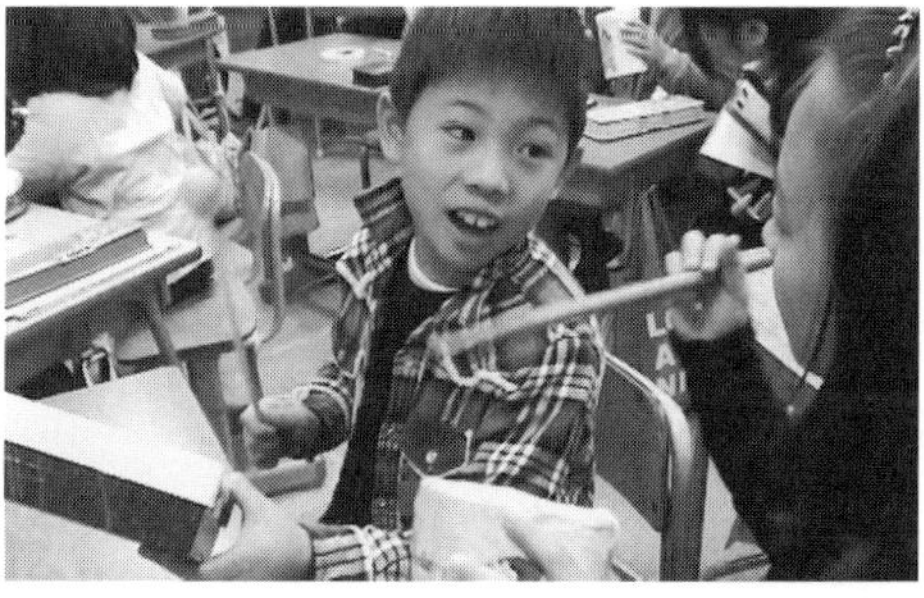

がまた「リレーをしよう」と等拍で叩いたので、Sくんがこれに気づき「伸ばしも入る」と指摘し、言葉のリズムに連動して太鼓を叩くことを伝えようとした。また、「リレーをして遊んでいる」というイメージをさらに具現化する手段として、Sくんが「ここ、間に走る音。効果音が、走る音入る」と会話の途中で走る音を入れることを提案した。Nさんはこれを受け入れ、「騒音って書いとくか。いらんな、いらんな」とSくんに笑って話しかけた。

このように互いに次々に発言し、①挨拶→②リレーをして走る→③ありがとう、というように互いの音色と会話のイメージを生かしつつ、それらを関連づけていった。

② 曲の構成

音色とイメージとを関連づけた音楽全体の骨組みができると、「ゾウさんとネコさんがリレーをして遊ぶ」というイメージに近づけるために、②のリレーをして走る部分のリズムや速度、音色の組み合わせ方にこだわった表現の工夫が行われていった。

たとえば、Nさんはネコの走る音を軽やかにすばやく、小さい音で表現したのに対し、Sくんは「ゾウは、ゾウは……」といってゾウが走る音をゆっくりと、重たい音で表現した。ネコの走る音とゾウの走る音を二人同時に表現しているうちに、Sくんが「リレーだからさ、あげるでしょ、バトン」といって、走ってきたゾウからバトンを受け取ったネコが走っていく、というイメージをNさんに伝えた。

これを実現するために、Sくんが先にゾウが走るところを演奏し、そこに後から重ねてNさんがネコが走るところを演奏するという形にした。

Sくんは「消えたところに入ってや、音」と入るタイミングをNさんに伝えて演奏してみる

	音色の感じやイメージ	主人公	会話の内容やストーリー
Sくん	インディアンみたいな音 ゾウのような音	ゾウ	ゾウさんとネコさんがリレーをして遊ぶお話
Nさん	家のネコが歩く音	ネコ	

が、Nさんの入るタイミングが少し速かったために「まだまだまだ」と止め、「じゃあ、五回叩いたらそっち入って」と具体的な提案をし、再度演奏してみる。すると今度はNさんが「ここの走る音なんやけど、Sくんが（ゆっくりと）一〇回、私は、タタタタタタやから、それは、私は、一〇回」と、②リレーをして走るという部分の構成にかかわる音楽のまとまりを意識した発言をしている。

このように、イメージを実現する過程で、①挨拶→②リレーをして走る→③ありがとう、という音楽全体の構成に、音色の組み合わせ方や強弱、リズムが結びついた表現へと発展していったのである。

○考　察

①　想像力

子どもは、紙太鼓という素材のもつ音色の可能性を探究する過程で、「葉っぱを踏んで遊んでいるような音」「トカゲがゴミあさりをしているような音」等の質を感じ取っていった。そして、それらは「主人公の会話」というイメージの全体性の中で関連づけられていった。関連づけに働いたものは、家で飼っているネコや動物園で出会った大きなゾウ、葉っぱを踏んだ経験など、生活経験に密着した生き物と、自らの生活経験を結びつけて共有化されるイメージであったと考えられる。

②　音に対する感性

子どもがつくった音楽作品は、音楽全体として一定した拍感は存在しないのにもかかわらず、互いの目を見ながら呼吸を合わせることで二人の間で音楽は成立していた。また、Sくんが「消えたところに入ってや、音」とこだわっていた発想は、まさに日本伝統音楽の間の取り方に通じるものである。このような音楽的感覚を自分にとって価値あるものとして選択している点に、音に対する感性を働かせていると考えられる。

③ 学力

子どもは、「ゾウさんとネコさんがリレーをして遊ぶお話」というイメージの実現のため、意欲的に音探究を行った（関心・意欲・態度）。そこでは、大きな太鼓の音色と、小さな太鼓の音色の微細な違いを知覚・感受し、はねるリズムや速度等の調整を試み（音楽表現の創意工夫）、実際の演奏へと結びつけていった（音楽表現の技能）。表現領域において育てる学力が実現されている姿であると考える。

④ コミュニケーション

「ゾウさんとネコさんがリレーをして遊ぶお話」という全体的なイメージを実現するために、SくんはNさんと目を合わせ、互いに呼吸を合わせながら演奏していた。また、「じゃあネコばっかにしよう」「ネコじゃない。仲間も呼ばないといけない」等、互いに思いを言葉で伝え合いながら音楽づくりを行っていた。このように、言語、身体、音によるコミュニケーションを相互にかかわらせながらイメージが具現化されていった。

事例3 《空き缶》小学校3年生

東　真理子

空き缶には実にいろいろなものがある。形は円筒型や箱型、材質は、スチール、アルミ、ブリキがある。飲んだ後、手でつぶしたり、けっとばしたり、プルタブをはねさせたり、子どもたちは生活の中のどこかで空き缶と遊び、その独特の音を耳にしていることが多いだろう。

本単元では、子どもにとって身近な音素材である空き缶を楽器とし、音楽づくりをしていくことで空き缶が生み出す多彩な音色に対して耳をひらかせたい。空き缶は叩いたり、へこませたりすることで簡単に音を出すことができる。その鳴らし方や材質の違いによって、迫力のある音色や繊細な音色を小学生でも容易に工夫することができる。たとえば円筒型のものは側面を木の棒やスプーンといったバチがわりのもので鳴らしたり、中に木の実や砂を入れて振ったりして、さまざまな音色を探究していくことが可能な素材といえる。

○授業の概要

指導内容：音色、テクスチュア（漸増）

指導計画：全三時間

〔経験・分析〕　空き缶を鳴らし、気に入る音を探す。気に入った音を交流し、音色について知覚・感受する。グループになり、気に入った音を即興的に重ねてみる。できた演奏を聴き合い、音の重なりについて知覚・感受する。

〔再経験〕　音色を生かした重ね方を工夫して、イメージに合う音楽をつくる。

〔評　価〕自分たちのつくった音楽を振り返り、アセスメントシートを書く。

○子どもたちの様子

(1)　音探究

①　お気に入りの音色さがし

あらかじめ鳴らしてみたい空き缶と鳴らすためのバチを用意させておいた。子どもたちは思い思いにジュースの缶、煎餅の缶のふた、茶筒等を用意しており、バチも割り箸、プラスチックの棒、ペン等、身近にあるものから音を試して選んできていた。それらを使ってお気に入りの音を探究していく。音を出す際には単に何かで叩くだけでなく、二つの缶をつなげて叩く、缶の底部と底部を打ち合わせる、側面や底面を叩く、中味を入れて振る、手でつぶす等、自分の気に入った音探究に意欲的に取り組む様子が見られた。

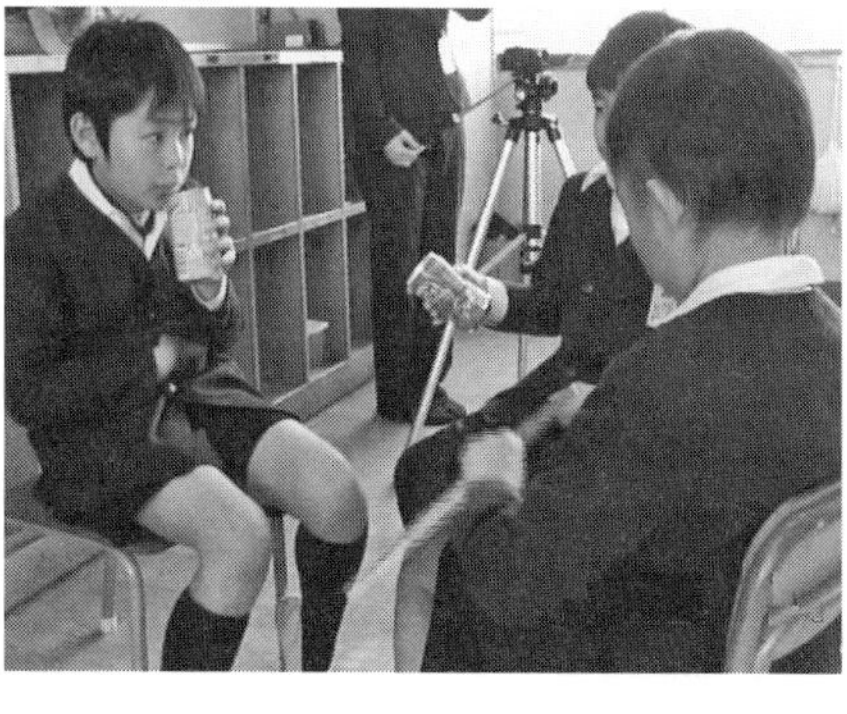

②　音探究における反省

紹介する場になると、どの子も自信をもって自分の見つけた音を紹介することができていた。缶の側面と底面を交互に割り箸で叩き、音色の違いを生かした鳴らし方をした子がいると、聴く側の子どもたちから「音が違う」という声が聞かれた。鳴らしている本人もうなずきながら鳴らし、叩く場所で音色が違うことを意識して音を鳴らしていることがうかがえた。

そして、音色を交流した後、再度お気に入りの音色を探させると、叩くバチを変えてみたり、友だちが缶の上部を叩く音色を真似したりして、前よりも音色にこだわりながら音を探す姿が見られるようになった。さらに、缶の飲み口に息を吹き入れるといった、それまでになかった新たな鳴らし方も見つける等、自分なりの鳴らし方をさらに工夫し、一番のお気に入りの音色を意識して見つけることができていた。

(2) 音楽づくり

① 音に対するイメージの関連づけ

次に、そのお気に入りの音色のイメージを引き出しやすくするために、こちらから奏法を提案し、選ばせるようにした。提示した奏法は「拍を打ち続ける」か「長くのばす」か、である。グループ内で、自分の選んだ奏法でお気に入りの音色を紹介させ、聴く側はどんな感じがするかを話し合わせた。子どもたちは、「釘を打っているみたい」「北風が吹いている」「踏切みたい」等、各自のイメージをもって聴き、それを言葉にして音を出す側に伝えていた。それを全体で交流し合い、感じたことを言語化することで一つの音色にも「北風が吹く」「電車が走る」「海の波」等、いろいろなイメージが出てくることに気づいていった。

このように、見つけた音へのイメージが多様に引き出されてくると、イメージを意識して、奏法を工夫して鳴らす姿が見られるようになった。たとえば「踏切みたい」といわれ、踏切の音をイメージして叩く速さや叩き方を変えたりするように、である。

イメージと音色や奏法の関連が意識された後、グループで音を重ねるよう促した。一番目に鳴らす人、二番目、三番目とグループの中で入る順番を決めさせ、その理由を考えさせた。そこで、グループでの音楽づくりの核となるイメージがもてることを期待した。はじめは「何かいい感じだから」「ずっと鳴らしていてほしいから」といった漠然とした理由で一番目の音色を選んでいたが、中間発表で皆に聴いてもらって理由が明確になってきた。たとえば、「雨みたい」と友だちにいわれることで雨みたいな音楽づくりを意識して「雨の合唱」という題名をつけ、「雨粒がゆっくり落ちるように響かせる」「激しく降るように連打する」というように、さらに表現を工夫していく姿が見られた。
そして、次に音の重なり（テクスチュア）の比較聴取をした。一番目の音色だけの時と、二番目、三番目の音色が重なった時を聴き比べ、だんだん音が増えていく漸増を知覚・感受させたところ、二種類のテクスチュアの感受の違いが次々に言語化された。その言語から、音に対するイメージが関連づけられていることが読み取れた。具体的には次のような交流である。

教　師「じゃあ、そろそろ発表してもらいます。Tさんグループ、題名をどうぞ。」
Tさん「雨の合唱。」（Tさんグループ演奏）
教　師「はい、どうですか？　この題名っぽいですか？」
児童たち（うなずく）
教　師「じゃあ、一番目の音に、二番目の音が入るとどんなふうに変わるかな。」
（再度、Tさんグループ演奏）
Nさん（Sさんの音から始まる）「最初雨がぽつんぽつんって降ってて、Tさんが入るとちょっと雨が激しくなる。」
Hさん「お玉を叩いていて、お玉が四つに増えてフライパンを叩いている。」
Yさん「最初は雨が降っていて、Bさんが入ったら工事してるみたいになる。」

② 曲の構成

曲の構成については、じょじょに重ねていくという漸増の重ね方を基本的な構成法として授業者が提案した。子どもたちが、漸増を意識した上で、一番目の音色を中心として表現したい音楽全体のイメージを決め、それに合わせて二番目、三番目…と合わせて音楽をつくり上げていくようにした。

たとえば、ある班では一番目に鳴らすBさんの音色が「雨っぽい」ことから雨を表現することを意識していた。一番目のBさんがゆったり拍打ちをし、二番目のTさんは屋根に滴が落ちるところをイメージして缶のふたの上部を叩いて甲高い音を連打していった。さらに三番目のMさんは缶の上部と底部を交互に鳴らして雨を表す工夫をして、「雨の合唱」をつくり上げていた。また、別の班では全体のイメージを「だんじり」として、一番目に鳴らすHさんが激しく打つ拍の合間を埋めるように二番目のEさんが「カカ」と連打音を入れてお囃子のようなリズムをつくり、三番目のKさんが缶の底部を合わせて甲高い音色をはずむように入れていった。その結果、聴き手にも「すごくだんじりっぽい」と評されていた。グループのテーマを決め、それに合うように漸増させる中で、自分の鳴らし方や重ね方をイメージに合わせて微妙に変化させ、リズムや速度を工夫してテーマに合う音楽を完成させていった。

○考　察

①　想像力

子どもは空き缶という素材のもつ音色を追究する過程で、「鐘の音みたい」「だんじりっぽい」「雨が降っている」等の生活経験にもとづくイメージをもっていた。個々の子どもが生活経験から想起したイメージが、音色を重ねて一つの作品をつくり上げる際にグループのメンバーで共有できるイメージ、たとえば「雨の合唱」「釘打ちだんじり」等に統合され、音で表現されていった。一方、聴き手側では、雨がだんだん激しくなっていく様子を表した音での表現を聴いているうちに、「サーカスみたいでわくわくする」といった感受が引き出された。タイトルにとらわれず、音の表現から新たなイメージをもつ子どももいた。

② 音に対する感性

缶の上部をペンで叩いた時の響きのある音色を「鐘の音みたい」と感じ取ったり、拍を打ち鳴らす音色に「カカ」と重ねてリズムをつくることで「だんじりみたい」というようにとらえたりすることは、子どもの過去の経験と結びついていると考えられる。空き缶の音色によって想起された子どもの過去の経験は、当然日本の生活の風景に関連したものである。空き缶の音色を日本の生活の風景の中にあった「鐘」や「だんじり」の音としてとらえたのは、子どもたちの音に対する感性の表れと見ることができよう。

③ 学　力

子どもは空き缶をクラスにもってきた時、各自、すでに空き缶に工夫をほどこしていた。授業者が何もいわなくても、自発的に空き缶を音の出る楽器として扱おうとしたことは、子どもたちの音色に対する関心・意欲の表れと見ることができる（関心・意欲・態度）。そして、空き缶を叩く箇所や叩くものによる音色の違いや、「雨がだんだん激しくなる」等の漸増によるテクスチュアの生み出す特質を知覚・感受し、連打してリズムを変えたり、「ゆっくり雨が落ちるように」速度を落としたり、「だんだん雨が強くなるよう」強弱をつけたりしていった。そして、演奏ごとに工夫を重ね、一番イメージに合う奏法を見いだしていった（音楽表現の創意工夫）。そして、雨がぽつんと落ちた響きをイメージしてバチをはね上げるように叩いたり、風らしい音を出そうと吹き入れる息の量を調節したりして実際の演奏へと結びつけていった（音楽表現の技能）。このことから空き缶による楽器づくり、音楽づくりは表現領域における学力を育成できる活動と考える。

④ コミュニケーション

個人の音探究においては、二つの缶をつなげてウッドブロックのように交互に叩いていたKさんが「沖縄っぽい……」とつぶやきながら叩くと、聴いていた友だちが「三味線っぽいやん」と評したことがあった。また、音楽づくりの中間発表では聴き手側は「お祭りみたい」「布団たたきをしていて雨が降ってきた」というイメージをもっていた。さらに、グループ活動で「だんじり」「手拍子」「釘打ち」というイメージが出てきて、最終的に「釘打ちだんじり」に決まる。このように音や言語によるコミュニケーションによって個々人の音色へのイメージが引き出され、グループの作品として統一されていった。さらに、一番目のYさんの演奏する身体の動きに合わせて二番目のTさんが自分の音を重ねたり、終わる時にみんなで息を合わせたりするというように、音、言葉、身体によるコミュニケーションによってイメージに合う音楽が完成していった。

事例4　《つるしたものの音》小学校4年生

髙橋詩穂

私たちの身の回りには、鐘や風鈴といったようにつるしたものが数多くある。つるしたものを見ると思わず叩いてしまう、その揺れを見てみたいという衝動に駆られてしまうことはしばしばある。つるしたものを叩いて出る音の大きな特徴は、持続音が生じることである。持続音から生まれる音の余韻を感じ取ることは、深く音と向き合うこととなり、音の特質やその雰囲気に気づくことができるだろう。本単元では、子どもが身の回りにある金属や陶器などの素材をつるして楽器とし、そこに生まれる持続音と出合う。そして持続音を組み合わせてオスティナート・パターンをつくる。オスティナートの生み出す音色を味わいながら、そこに他の音を重ねていくことで音楽づくりを行う。さまざまな素材を用いることで、それらの素材から生み出される音の音色や特質の違いに気づき、金属らしさ、陶器らしさといった音の特質や雰囲気を生かした音楽表現をつくっていくことを期待した。

○授業の概要

指導内容：音色、オスティナート〔縦と横の関係〕
指導計画：全五時間

〔経験・分析〕　いろいろな素材を棒につるして、いろいろな素材で叩いて、響きをよく聴く。
　つるした素材を鳴らして簡単な音のパターン（オスティナート・パターン）をつくって交流し、音色について知覚・感受する。

〔再経験〕　自分たちの「つるした楽器」の響きに合うタイトルをつけ、それに合わせた素材を選んで重ね方や鳴らし方をさらに工夫する。

〔評　価〕　つくった音楽表現を発表・交流し、自分たちの作品を振り返る。

○子どもたちの様子

⑴　音探究

①　音との出会い

今回はつるすものとして、植木鉢、ボウル、鍋ぶた、フライ返し、木、カップの六種類の素材を用意した。そして、五～六人を一組としたグループごとに、大きさの違う同一の素材を三つ棒につるした。まずは、一つひとつの音を聴き味わう時間を十分に確保するため、グループごとにそれぞれの楽器を叩いていった。つるした楽器を前にした子どもたちは、素材のさまざまな場所を叩いて音を聴いていた。植木鉢の中の方を叩くとよく響くが、端の方を叩くとあまり響かないといった叩く場所による音の違いや響き方の違いを発見するなど、音にこだわりをもち始めていた。またそこから生じた持続音に驚いて身体をのけぞらしたり、音に合わせて身体をふるわせたりする子どももいるほど、子どもたちは素材から生じる音をよく聴いて楽しんでいた。

Oさん「これ（フライ返し）さぁ、なんか祇園囃子の鉦の音みたいじゃない。」
Sくん「（叩いてみて）うん。まぁ、まぁ、まぁ。」
Tくん「コンコンチキチンて叩いてみてよ。」
Fさん「祇園囃子って、こんな音ちゃうやんなぁ。」
Oさん「じゃあなんやろ。もう一回叩いてみて。」

さらに、素材から発せられる音に何かしらのイメージをもちながら聴く子どもの姿が多く見られた。このように子どもたちはこれまでの自分の生活経験の中で聴いてきた音などを想起しながら音を探究していた。

② 音探究における反省

十分につるした素材から生じる音を楽しんだ後、そこで出したさまざまな音を音色として意識できるように、その素材からはどんな音がしたのか、さらにその音を聴いてどんな感じがしたのかを交流した。「強く叩いたら、ばちをもっている人に振動が伝わってきた」「フライ返しを叩くと、仏壇のチーンという音に聞こえてきた」と、子どもたちは感じたことを次々に発言していった。子どもの発言を適宜音に返しながら交流していくことで、それまでただ夢中に素材を叩いていた子どもたちも、一つひとつの素材の音にじっくりと耳を傾け、

それぞれの素材の特徴を自分なりにとらえようとしていた。そして、「響く音を鳴らしたい」といった意図をもって、叩くばちや素材を叩く場所を定めるようになった。

(2) 音楽づくり

① 音に対するイメージの関連づけ

いろいろなつるした素材の音を味わった後は、グループごとに一種類ずつ素材を割り当てられ、そこにつるされた三つの音具の鳴らす順番を決めて四音からなる音のパターンをつくった。そしてそのパターンをずっとくり返し、オスティナートとした。そこで、授業者は、異なる素材のグループをいくつか取り上げ、オスティナートが生み出す響きの比較聴取を行った。以下は植木鉢のオスティナートを聴いた時の交流の場面である。

Wくん「雨粒が落ちたような音がした。」
子どもたち「わかる。わかる。」
教　師「なんで雨粒が落ちたような音がしたのかな。」
Wくん「フォークで叩いている音が、雨粒が落ちるような音がした。」
Hくん「(そのフォークの音が) 他の音より高い感じがした。」
Yさん「Wくんにつけ足しだけど、雨漏りしてバケツとかに落ちてたまっていって、いろいろな音がする感じがした。」

このように子どもたちは、音色という根拠をもってイメージをふくらませた。さらに、フライ返しのオスティナートは、「音のくり返しがお経を唱えているようだった」「教会で願い事をしているみたいだった」といったイメージの交流がなされ、さまざまなイメージがわいてきた。授業者は、これらの交流をもとに、もう一度自分たちの素材のオスティナートを見つめ直させ、その音の雰囲気に合う大まかなタイトルを決めてそれに合う音を身の回りから探してくるようにした。

ボウルを素材としたグループは、その幻想的な響きをもつボウルの音を聴いて「しずかな」「さみしい」といったイメージをもち、そこから「夜の森」というタイトルをつけた。そして、ステンレスの水筒、ペットボトル、びん、ノート（紙）という素材をもってきた。まずそれぞれがもってきた楽器の音を紹介しながら試す時間を設けた。ステンレスの水筒をもってきたSくんは「なんかひびかへんなぁ」とつぶやきながら、叩く場所やばちを変えたりして響く音を探究していた。

またオスティナートを担当するOさんは、叩く場所にこだわりながら、強く叩いたり弱く叩いたり、速くしたり遅くしたりと、さまざまな音を試していた。また「夜の森」の雰囲気を出すために、毛糸のついたマレットを選んで叩いていた。さらにFさんはおはじきや釘などをもってきており、びんの中にそれらを少しずつ入れていきながら、マラカスのようにして自分のイメージに合う音をつくっていた。

それぞれの音を紹介し終わったら、オスティナートに各自の楽器の音を重ね始めた。するとノートをもってきていたYくんが首をかしげながら「なんか合わへんねんなぁ」とノートではなく、ペットボトルに素材を変えた。紙をバタバタとさせる音は「夜の森」にはうるさすぎたようである。そしてペットボトルに釘を入れて優しく横にふって静かな音を出した。そして「森の中の怖い葉っぱのイメージ」を出すために、びんのマラカスと音を重ねていった。またTくんははじめはペットボトル・マラカスを使っていたが、次時には茶筒をもってきて茶筒のマラカスをつくって演奏していた。「こっちの方がよく響くからいいねんなぁ」といいながらうれしそうに音を重ねていた。

② 曲の構成

オスティナートの強弱や速度を変えて試しているうちに、「夜の森」がさらに怖くなっていくような感じがした子どもたちは、音楽の中間部にその「怖い」部分をもってくることを考えた。他のグループの音楽との交流を通して、音楽の始まり方や終わり方を考えて演奏するとよりイメージが伝わるということを学んだ子どもたちは、さっそくどのように始めるか、またどのように終えていくのかを話し合い始めた。「水筒（をやわらかいマレットで叩く）が二回で、それからオスティナートを入れていく？」と提案して実際に演奏してみると、子どもたちは笑いながら「ちょっと長すぎたな。なんか違うわ」といって他の始まり方を試し出す。このように自分たちのイメージに近づくように、提案しては音で試して振り返るといったことをくり返しながら音楽を完成させていった。オスティナートを担当したOさんは「静かで少し怖い感じの雰囲気の様子を表すために、昼から夜になる感じにしました。昼間は水筒やマラカスで、ボウルは夜の役割です。夜で怖いような雰囲気をもっと出すために、ボウルを少し小さな音で叩きました」と振り返った。またペットボトル・マラカスのSくんは、「静かだけど怖い雰囲気を出すためにペットボトルやびんの中に釘などを入れ、怖い葉っぱのイメージの音を重ねました。最後には森をぬけたようにするためだんだんと楽器をやめていきました」と振り返った。

このように子どもたちは、自分たちのイメージに近づくように音を探究し、始まり方や終わり方といった曲の構成を考え、音色や強弱などを工夫しながら音楽表現をつくり上げた。

○考　察

① 想像力

子どもたちはそれぞれの素材からさまざまなイメージをもった。たとえばカップの軽やかな音色から「雪の結晶」というタイトルをつけ、降っては消えゆく雪の様子を音楽で表現したり、植木鉢の深みのある音色から「雨の様子」というタイトルをつけ、雨の上がっていく様子を表現したりした。このように身の回りにある素材を用いたことから自由にイメージを働かせ、自分たちの生活経験と関連づけながら考えることができたのであろう。

②　音に対する感性

子どもたちは、ボウルやフライ返しの音から祇園囃子の鉦や寺院などで用いられる鈴《りん》といった日本の伝統的な音色を想起していた。フライ返しのオスティナートから発せられる高い持続音を鈴の音と感じ取り、そこから「お経を唱えている＝しずかな感じ＝のんびりとした音楽」といった音に対する感性を働かせ、その素材の特質を生かした音楽表現をつくり上げた。それは身近な音色であるからこそ、つるした楽器から発せられる持続音を味わい聴くことによって生活経験から想起されたのであろう。

③　学　力

子どもは、「怖くて静かな夜の森」というイメージに近づくように、ペットボトルから茶筒に変え、おはじきや釘を入れる量を変えるなど自分の思う音が見つかるまでこだわって音探究を行った（関心・意欲・態度）。そして、演奏の仕方や叩くものによる音の違いを知覚・感受し、静かな森を表現するために毛糸でくるんだやわらかいマレットを選んで弱く叩くなど音色や強弱、素材を工夫しながら（音楽表現の創意工夫）、音色を生かしたリズムを重ねて、自分たちのイメージに合うよう音楽の構成を考えながら音楽表現をつくり上げることができた（音楽表現の技能）。

④　コミュニケーション

「夜の森」というタイトルから、するどい音や弱い音などを試しながら表現をつくっていく過程で、強弱を工夫したオスティナートを聴いて「怖い感じがするなぁ」といったように感じたことを互いに交流しながらイメージを共有していった。音と言語を通したイメージの共有があるからこそ、自分たちの思うような表現ではないときには、首をかしげたり笑ったりするだけでも、音楽の始めの部分が長すぎるといった思いが通ずるという言葉によらない身体的なコミュニケーションも活発に行われた。

事例5　《こする音》小学校4年生

衛藤晶子

こするという行為は、日常生活の中でごく自然に見られる行為である。結露で曇ったガラスをこすったり、紙の上で消しゴムをこすったりと子どもは普段何気なく行っている。つまり、子どもにとってこするという活動はごく自然の行動であり、その中で強くこすったり、速くこすったりといったことも無意識に行っている。

本単元では、こする素材やこすられる素材を変えて音探しをすることから活動を始める。プラスチックの定規を名前ペンでこするキュキュという音や、色鉛筆のケースの底を定規でこするジャバジャバという音など、身近にあるものをこすって出た音色を意識することからこする音色を探究していく。このような音探究によって身近にあるものを楽器とし、ペアになって会話を楽しむようにして音楽づくりをする。会話する際には音色からイメージされた役割分担がなされ、その役割に応じたこすり方やこするものが試される。怒っている時には強く、速く、いい合いをしている時には、二人が同時に鳴らすといったこする音色に感情を込めた表現が生み出される。

○授業の概要

指導内容：音色、問いと答え
指導計画：全四時間
〔経験・分析〕　こするものやこすられるものを変えたり、こすり方を変えたりしながらいろいろな音を試す。
ペアになり音で会話するようにして音を鳴らす。
ペアで鳴らした音を交流し、音色について知覚・感受する。
〔再経験〕　ペアで奏法や速度・強弱などを工夫して、自分たちのイメージする場面や様子を表す。
〔評　価〕　つくった音楽を発表し、互いに聴き合う。録音した自分たちの音楽を聴き、アセスメントシートに答える。

○子どもたちの様子

(1)　音探究

①　衝動的にこする

各自が持参した定規、プラスティックケース、小型の洗濯板などを指や鉛筆、定規などでこすってみるように伝えた。子どもたちは、夢中になって強くこすったり、速くこすったりしていろいろな音を出していた。そのうち、「この音ええな、なんかええ」といいながら、友だちの出している音に耳を近づけたり、「これとこれ、音が違うで」と鍵盤ハーモニカのホースを分度

器でこすった時と定規でこすった時の違いをいいにきたりする姿が見られようになった。「これもしたい」ともってきたもの以外にもオルガンのペダルをこするなど、こする対象が広がっていった。

② 音探究における反省

子どもたちがいろいろな音を見つけている様子から、さまざまな音を意識させるため見つけた音を紹介する場をもった。「こするものを変えたらいろんな音が出る」「こすり方を変えたら違う音が出る」ということを、洗濯板を鉛筆でこする、糊のケースでこする、横でこする、素早くこするなど実際の音を交えながら紹介する姿が見られた。また「こするもののへこみが大きいと音が大きい、小さいと音も小さくて高い音が出る」というような見つけ方をする子どもも見られた。次に、見つけた音を「ギュギュギュギュ」や「ジュルジュルジュル」等の擬音語で表すようにさせ、それは「何の音みたいに聴こえた？」と問うことで音に対するイメージがもてるようにした。このことが音探究の反省を促し、子どもはこすることで生み出される音を、「音色」をもつ音素材としてとらえていくようになり、自分の音はどんな音なのだろうかとさらに音探究に没頭するようになっていった。そこで、貝殻のぎざぎざを二枚こすり合わせカエルかセミみたいに聴こえるという子どもの音を取り上げ、鳴らし方の違いでどんなイメージに聴こえるか交流する場をもった。

Kさん ♪（貝殻の溝同士を続けてこすっている）
Mさん「やり方～」（と言いながらこするまねをしている）
教　師「何？　Mさん。」
Mさん「やり方（両手で示しながら）カッカッカってというようにやったら、カエルに聴こえるんちゃうかな。」
教　師「やり方変えてみて。」
Kさん ♪（チャッチャッチャというように間をあけてこする）♪

Mさん「なんかこっちの方が。」
Fさん（両手でこするまねをしている）
Tさん「こうやったら。」（大きく手でこするまねをしている）
Mさん「さっきのはセミみたい。」

このように、衝動的にものをこすることから始まりながらも、出された音を全体の場で交流することによって、鳴らし方と鳴らした音に対するイメージ等が反省を通して意識されるようになった。その後、再度音探究の時間をとることで、子どもたちは、往復させて速くこする、一方向に何度もくり返してこする、ゆっくりこするなど、こすり方を意識している姿が見られた。また、自分のこすった音に、「小さい小石を踏んでいるみたい」「鳥の鳴き声」「わにが歯磨きをしているみたい」といった意味づけがなされ音探究が進められていった。

(2) 音楽づくり

① 音に対するイメージの関連づけ

各自がいろいろな音色を見つけた後は、それをペアで模倣し合う活動を設定した。互いに異なる素材をこするため、模倣しても同じ音色にはならない。そこで、一組のペアを取り上げ、どんな様子が思い浮かぶかを交流する場を設定した。そこでは、色鉛筆のケースの底を油性ペンで、エンボスのついたしゃもじを鉛筆でこするやりとりの音に、「兄と弟」「カエルの雌と雄」というように意味づけをし、「ジャンジャカジャカジャンっていってるときに『ば〜か』って聴こえた。『ば』の音に近かったから、『ば〜か』っていったら、『ば〜か』っていって『うわ〜』っていい出しているみたい」「雄と雌が出会って会話している」というイメージにかかわる発言が見られた。そして、そこでの互いの音の感じやイメージを関連づけながら、二人でお話しするようにして音楽をつくるように促した。
たとえば、以下のような役割が分担され、音で会話するようにして音楽をつくる様相が見られた。

【KとYの場合】

Yが「（Kを指し）蝶。私、犬」と役割を分担し、色鉛筆のケースの底を定規でシャシャシャとこすり、両手を体の前で上下に振り、走っているように体を動かす。Kは貝殻の溝の方をこすり合わせ、「フワンフワン」といいながら大きく体を動かし、頭の上でひらひらと二枚の貝殻を細かく揺らす。
Yが「もっと高く飛びなさい」といい、それを聴いたKが「どんどん飛ばなあかん」といいながら、二人で同時に楽器をこすり、Yが鳴らし終わった後、速度を速くしながら打ちつけるようにKが貝殻をこすって鳴らした。Y「そっちの方がええ？」、K「ジャンプしたとたんビューンって飛んだ」といい、犬がジャンプしたとたんに蝶が飛んでいく様子を表そうとするようになった。

② 曲の構成

「犬が蝶を追いかけている」というイメージを表すために、こすり方や強弱、速度の工夫が行われていった。たとえば、Yが「最初からピョンピョン飛んでる」といって手を大きくゆっくりと振ってこすり合わせる様子をKに見せる。Kがそのようにこすると、Yは定規で色鉛筆のケースの底をシャシャというようにこする。Kが「五回くらいしたら速くしたらいいやん」とYに手を添えて定規で速くこする。その後、Kが「ばーとして最後、速くして、最後ジャンプして一回ジャンプして」と速いテンポで貝殻をこすり合わせながらいい、Yはそれを見て、「ジャンプして」といいながら定規を放物線を描くようにしてゆっくり上に上げるという動作を見せる。そして、「じゃあ、速くしよか」と定規で速くこするという様子が見られた。その後、「犬が蝶を追いかけていき、つかまえようとジャンプしたら蝶が高く飛んでいった」というようにイメージが鮮明になり、はじめ二人で同時にゆっくりこすり始め、Yはだんだん速くこする。Yが強くこすって大きく手を挙げたら、Kが頭の上に手を挙げ、細かいリズムでシャシャシャシャとこすり合わせるという表現が見られた。

このように、こする音色と「問いと答え」という曲の構成が「犬と蝶」というイメージに結びつき、「問いと答え」の構成を意識しながらイメージを実現する姿が見られた。イメージを実現する過程において、「問いと答え」という曲の構成が相手の音を聴きながらイメージを詳細にすることにつながり、音色と強弱、速度を結びつけた表現へと発展していったといえる。

○考　察

①　想像力

子どもは、こするという行為から生み出される音色の可能性を追究する過程で、貝殻の外側同士をこすった音色を「シャリシャリシャリ」「ジャジャジャジャ」などの擬音語で表し、「セミみたい」「カエルみたい」というイメージをもった。その後、ペアで会話するように音を鳴らすことで、互いの音を関連づけ「犬が蝶を追いかけている」というイメージに発展していった。関連づけに働いたものは、生活経験に基づいたイメージであり、それが相手と共有されることによって「つかまえようと犬がジャンプし、蝶は高く舞い上がる」という詳細なイメージにつながり、演奏の仕方も手を上に挙げていきながら貝殻をこするというイメージを伴う動作につながっていった。

②　音に対する感性

「犬が走っていく」様子を表すためにYが工夫していた、だんだん速くしていき、最後ジャンプしたところで大きく一回叩くという演奏は、日本伝統音楽に見られる漸次加速のリズムであった。このような漸次加速のリズムを子どもが価値あるものとして選択したという点に日本伝統音楽に対する感性を見ることができるのではないだろうか。そして、二人で特に話し合うこともなく音を出し合っている中で自然にこのリズムが用いられるようになったのは、イメージが「犬が走っていってジャンプする」という生活経験に根ざしたものであるからこそ、イメージに合う演奏のしかたとして共有化できたのだといえる。

③ 学力

子どもは、「犬が蝶を追いかけている」というイメージの実現のため、意欲的に音探究を行った（関心・意欲・態度）。そこでは、貝殻の溝を速くこすり合わせた時と手首を返しながらゆっくりとこすり合わせる時の音色の微細な違いを知覚・感受し、速くするタイミングや貝殻をもつ場所などを工夫し（音楽表現の創意工夫）、実際の演奏へと結びつけていった（音楽表現の技能）。表現領域において育てる学力が実現されている姿であると考える。

④ コミュニケーション

「犬が蝶を追いかけている」というイメージを表すために、KがYのリズムに合わせるようにして貝殻をこすったり、Yが音を鳴らしながらKに向かって「五回目でジャンプして」といいながら大きく手を挙げたりする様子が見られた。特に子どもたちが音を出している時は、KがYの方を見ながら貝殻を柔らかくこすり、そのKの様子を見ながらYが色鉛筆のケースの底を「シャシャシャシャ・シャシャシャシャ」とリズムをつけてこするといった音によるコミュニケーションが多く見られた。このように、言語、身体、音によるコミュニケーションを相互にかかわらせながらイメージが具現化されていった。

事例6 《一弦箱》小学校5年生

小林佐知子

一弦箱は、箱に輪ゴムを通した楽器である。一弦箱で使う箱は、子どもが家からもってきた牛乳パックやお菓子の箱である。また、輪ゴムは、子どもが普段、画用紙などを丸めたものを止めたり、指にからめて飛ばして遊んだりした経験をもつ。つまり、一弦箱は子どもにとって身近な素材でできている。一弦箱づくりでは、箱に輪ゴムを通し、それを爪弾いて音を出す。弾く場所や強さによって、ピッチや響きの違いが生まれる。輪ゴムを弾くという子どもにとって単純な行為が、この楽器づくりの基盤となる。一弦箱づくりの過程では、輪ゴムの途中に柱を立てて、柱を立てる場所によってピッチに違いが生まれることを発見する。「こうしたら、音がこう変わった」と子どもが自分の行為とその結果を結びつけることができる素材でもある。

本単元では、子どもが楽器の仕組みと音色を結びつけて考えることができる音探究の場を大切にした。音探究では、子どもに音色に対するこだわりをもたせ、お気に入りの音を選ばせたい。そして、友だちと互いの音色を交流することで、音色の違いに気づかせ、それぞれの音色の特徴をとらえさせたい。特徴的な音色から何がイメージできるのか、友だちと話し合いながら音色とイメージをつなぎ広げていくことで、一つの表現作品をつくらせていく。

○授業の概要

指導内容：音色

指導計画：全三時間

〔経験・分析〕一弦箱をつくる。輪ゴムを弾いたり柱を置いたりして、お気に入りの音を探る。

さまざまな音色を交流し、音色について知覚・感受する。

〔再経験〕グループで、音色の組み合わせ方を工夫して表したいイメージを表す。

〔評価〕つくった音楽を聴いて、批評文を書く。

○子どもたちの様子

(1) 音探究

① 衝動的な音探究

一弦箱づくりでは、はじめ、とにかく輪ゴムを引っ張って放すことで音色をつくり出すことが多い。しかし、中には輪ゴムを机や箱とこすり合わせた音色や輪ゴムを弾くことで響きが生まれることを発見する子どもがいる。そこで、それらの発見を紹介すると、子どもは目をかがやかせて一弦箱とかかわるようになる。いろいろな音色を発見しようと、一弦箱とのかかわり方が変化するのである。ふたを動かしたり、輪ゴムの場所を変化させたりすることで音色が変化することを発見すると、鉛筆やのり等の文房具で輪ゴムをこすったり、柱として使ったりと音色が変化すること自体を楽しむようになる。

子どもは弾く場所や弾き方、柱の立て方や輪ゴムに対しての空洞のつくり方を

子どもがつくった一弦箱の例

変化させることで音色が変化することを発見し、一弦箱とのかかわり方によって音色がどんどん変化していくことのおもしろさから、音探究に夢中になるのである。

② 音探究における反省

一弦箱づくりで、さまざまな音色をつくり出した後は、それぞれの音色の違いを知覚させるために音色を擬音語で表すようにした。たとえば、同じように弾いた音色でもピッチや響きには違いが生まれる。それを「ピンピン」「ペンペン」という擬音語に表すことで、ピッチや響きの違いを知覚することができる。また、音色の繊細な違いを〝伝える〟ために、子どもは擬音語の表し方を工夫するようになる。たとえば、次のような伝え方があった。

○「ティンティンティンティン」と、一つの山を描くように、低いところからだんだん高く、また低いところへと音高を変化させて言う。

○「ポワンポワンポワァーン」と、最後を少し余韻をもたせるようにいう。

○「ジャカジャカジャカジャカ」と、低い音高で、息を一気に吐き出すように強く勢いよくいう。

一弦箱とのかかわり方によって音色が変化することだけでなく、どのように変化するのかについて知覚した子どもは、「水滴が落ちる時の音

	素材の扱い方	擬音語 感じやイメージ
IIさん	箱の空洞にスティックのりを立て，張った輪ゴムを弾く。	ポワンポワン 井戸に蛇口の最後の水滴が落ちる様子
Mさん	箱のふたの上にスティックのりを立て，張った輪ゴムを弾く。	ホワァンホワァン お風呂につかって心地いい感じ
Yくん	箱に通した輪ゴムを指でこする。	ジャカジャカジャカジャカ 砂利道を石を蹴りながら歩く様子
Rくん	牛乳パックの空洞部分に通した輪ゴムを弾く。	ペンペンペンペン ひもがプチンって切れる感じ

みたい」のように音色に対するイメージをもつようになる。それは、擬音語だけでは一弦箱の音色を伝えられないことに気づくからである。たとえば、擬音語にすると「パン」と表せる二つの音色がある。一方は、勢いの強い「パン」という音色であり、子どもは「的当てを打つ時の音」と表した。もう一方の「パン」は、広がるような響きの「パン」という音色であり、子どもは「花火が打ち上がって光が広がっていく時の音」と表した。

このように、音探究について擬音語で表したりイメージと結びつけたりすることで、子どもは自分の一弦箱とのかかわりについて反省することができた。反省することにより、「柱を高くしたら急いで走ってる感じの音が出せるかな」「もっとボワーンって感じの音にするためには、輪ゴムの弾き方をゆっくりにしたらいいかな」などと、さらに音探究を進めていた。

(2) 音楽づくり

① 音に対するイメージの関連づけ

それぞれがお気に入りの音色を見つけた後は、それを四人グループで互いに紹介し合う活動を設定した。そして、互いの音とイメージを関連づけながら、鳴らす順番や組み合わせ等を工夫して一つの音楽をつくるように促した。音楽をつくるきっかけは、グループで特徴的だと感じる音色から膨らませるイメージである。

たとえば、あるグループでは、それぞれお気に入りの音色を、実際に鳴らしながら前頁のように紹介し合っていった。

グループでの音色の紹介後、四人はHさんとMさんの音色を特徴的であるととらえ、水滴が落ちていく様子を表す音楽をつくろうとしていた。このグループの途中経過を教師が取り上げ全体に紹介すると、Mさんがグループでやった時と同じ音色が出せず、三人は「違う違う」「もっとこっちを弾いてたんちゃう?」などと声をかけ、Mさんは戸惑っていた。すると、Mさんの音色を聴いていたRくんが、「怖い」とつぶやく。「どういうこと?」と聞くと、「お風呂でほっとしてるんじゃなくて、逆にお化け屋敷でぞっとしてるみたい」と発言する。Rくんの発言に三人は納得し、このグループのテーマは「お化け屋敷」に決定した。

テーマが決まると、「お化け屋敷」を想像しながら再度音色の交流を行っていた。Mさんの音色は、「ホワァンホワァン」だったのが、「ボァーンボァーン」と聴こえるようになり、お化け屋敷に入る前の恐怖を思い浮かべるという。Yくんの「ジャカジャカジャカジャカ」という音色は、お化けに遭遇して怖くて走って逃げている様子を表すという。

このような交流で四人が出し合ったイメージは大まかに、お化け屋敷に入る時、入ってから、出口に着いた時の三つの場面である。お化け屋敷に行った時の経験をもとに、それぞれの場面に対するイメージに合わせて新たな音を探究し、場面ごとに役割分担をしていった。

② 曲の構成

互いの音に対するイメージの関連づけができると、表現したい「お化け屋敷」のイメージをもとに音楽をつくっていた。たとえば、Mさんの音をはじめは二〜三回繰り返して演奏しようとしていたのだが、実際に通して演奏した後にHさんが「ちょっと物足りない。もっと繰り返した方が恐怖心が伝わる」と曲の構成を意識した発言をした。「反復」の仕方に着目し、お化け屋敷に入る時の部分を一つのまとまりととらえて音楽をつくっていった。また、お化け屋敷に入ってからは、いろいろなお化けが出てくる様子を伝えるために、Yくんの大きな箱、

Rくんの牛乳パック、Hさんの小さな箱と、いろいろな大きさの箱でつくった一弦箱の音色を重ねた。演奏している時にYくんが何気なく強弱をつけると、Rくんが「こっちの方が怖いわ」とつぶやき、Hさんの発案でYくんの強弱にRくんとHさんが合わせることで、3人で強弱を表すことになった。そして最後に、「やっとお化け屋敷を出られる」という「やっと！」という感情は、全員で強く短い「パン」という音色を同時に重ねて伝えようということになる。

このように、イメージと音色のつながりを追究する過程で、反復の仕方をどうするか、という問題をきっかけに曲の構成を意識したり、強弱やテクスチュアの工夫を行ったりしながら、一つの音楽をつくり上げることができたといえる。

○考　察

①　想像力

子どもは、一弦箱の音色を探究する過程で、「お化け屋敷に入る前のドキドキした感じ」「大きなお化けが急に現れて驚く感じ」「少しずつお化けが近づいてくる感じ」等、音の質を感じ取っていった。そして、それらは「お化け屋敷」というイメージの全体像の中で関連づけられていった。関連づけに働いたものは、子どもが実際にお化け屋敷に行った時の経験であり共有したイメージであったと考えられる。

②　音に対する感性

「ポワンポワン」は井戸に水滴が落ちる様子、「シャカシャカ」は落ち葉が風で舞っている様子、「パァン」は花火が打ちあがる様子など、音色からふくらませるイメージは、子どもの身近な生活場面であり、日本の四季折々の風景であった。音を聴いてそのイメージについて交流すると、「わかる、わかる」と共有する姿が見られた。それは、日本で生まれ育った子どもがもつイメージは、その生活経験に根ざしているため、一弦箱の音色の質を互いに共有することができたためであると考えられる。

③ 学力

子どもは、「お化け屋敷」の静けさや冷たい雰囲気、迫ってくる恐怖や早く逃げなければという焦りを音で表現するために、意欲的に音探究を行った（関心・意欲・態度）。そこでは、ピッチや響きの違う一弦箱の音色の微細な違いを知覚・感受し、輪ゴムを弾く回数や場所、弾き方の調整を試みたり、音色の重ね方やつなげ方を工夫したりして（音楽表現の創意工夫）、演奏へ結びつけていった（音楽表現の技能）。

④ コミュニケーション

互いの音を交流する場面では、子どもは友だちの音に興味をもち、もっと聴きたいと感じたため、「もう一回やって」と頼んだり、演奏している子どもが「弾きにくい」と苦笑いするほど友だちの一弦箱に自分の耳をぎりぎりまで近づけたり、微かな物音にも「静かにして」と訴え静まり返ったりする姿が見られた。そして、音を聴いた時には、「その音怖いわ」「お化け屋敷に入る時みたい」と感受したことを言葉で伝えたり、「もっとボワーンって感じの音の方が幽霊が出てくるみたいでいいやん」「もっと長く音を鳴らした方が怖い感じがするんちゃう?」と友だちの楽器を自分で演奏したり、「いろんな音がする方が焦ってる感じがするやん」「だんだん強くしていったら怖くて逃げていく感じが伝わるかな」と友だちの音色に自分の音色を重ねたりするなど、言語や音を媒介にしたコミュニケーションが生まれた。

事例7　《竹ぼら》小学校6年生

椿本恵子

　竹は、日本の暮らしにおいて、さまざまな場面で活用されている。食事の器になったり、日本庭園では竹林としてだけでなく、塀になったり、時にはししおどしとして風情を感じさせる音を届けたりする。子どもたちにとっても七夕の笹に願い事を託したり、竹馬で遊んだりなど、竹に触れた経験はどこかにあるのではないか。つまり、竹は日本の文化に深く根づき、私たちの生活において馴染み深い素材であるといえる。

　本事例では、竹という素材との出合いの時間を大切にし、その素材から生まれた音色によって響きの空間づくりを行う。一ふしの竹に一つの穴があけられただけの竹と出合い、自ら奏法を見いだし、素材をじょじょに楽器としていく。子どもたちは同じ場で竹を吹くことで、同素材でも息の入れ方により多様な音色があることに気づき、意欲的に竹の音色を探究していく。竹の響きを身体で感じながら、友だちと一緒に、雰囲気のある響きの空間を創造する活動に発展させたい。

○授業の概要

指導内容：音色

指導計画：全三時間

〔経験・分析〕　竹ぼらの音色の特質を生かして、響きの音空間を創作する。

　それぞれの音色や響きを聴き比べ、音色や響きの特質をとらえる。

〔再経験〕　音色や響きの特質を生かしてイメージに合わせた響きの音空間を創作する。

〔評　価〕グループ発表をし、演奏を聴き比べ、アセスメントシートに記入する。

○子どもたちの様子

⑴　音探究

①　素材を楽器にする活動

素材との出合いとして、一ふしにただ一つ穴のあいた竹の筒を渡し、どのようにして奏する楽器であるのか試す時間を十分に確保した。一人一つ竹筒を手にした子どもたちは、これまでの経験を活かし、「トガトンみたいに打つんじゃないかな」「穴があいているから、リコーダーみたいに吹いてみよう」と、吹いたり打ったりさまざまな奏法を試していく。さまざまな奏法を試す中で、穴を使って吹く楽器であるということを伝えると、はじめはなかなか音が鳴らないが、しだいに音があちらこちらから聴こえ出す。

そのような活動の中で「どうやったら、音が鳴ったの？」「少し傾けて斜めに息を入れるといいよ」「穴口で塞いで思いっきり吹くと鳴ったよ」というように、自然に、音を介したコミュニケーションが生まれる。子どもたちにとって、簡単そうでいてなかなか奏することができない、という音に対する適度な障壁が、音に対する欲求となるのである。何度も試しているうちに、大きな音を鳴らしたり、身体全体に響くような太い感じの音色や高い細い音

色など、さまざまな音色を鳴らしたりすることができるようになる。音色の多様さに意外性を感じ、ただの竹筒が楽器となり、音色を探究していきたいという意欲へとつながる。

② 音探究における反省

竹筒との十分な相互作用の中で、そこで見つけたさまざまな音色に対する意識を高めるため、「ボー」や「ブゥゥ〜〜〜」といった擬音語で表す活動を設定した。同じ「ボー」と表していても、「船の汽笛がひびく感じ」「身体が音に合わせて揺れる地響きみたいな感じ」といった感受の違いや、「ボォォォ（ボを丸い中空白の太字）」「ボ〜〜（ボを波線で表記）」といった字体の表記の違いで表現された知覚・感受の違いなど、それぞれの音色に対する感じ方を交流することで、より詳細に音色をとらえ、イメージをふくらませていくことができるようにした。

擬音語で表し交流する活動が音探究の反省を促し、子どもは竹を多様な「音色」をもつ音素材としてとらえていくようになり、まだ友だちが発見していないおもしろい音色を見つけたり、もっと自分だけの音色にしていくために奏法を工夫したりと、さらに音探究に没頭するようになっていった。

(2) 音楽づくり

① 音に対するイメージの関連づけ

活動を進めていくと、はじめはなかなかうまく音にならず息の音ばかりが聴こえ

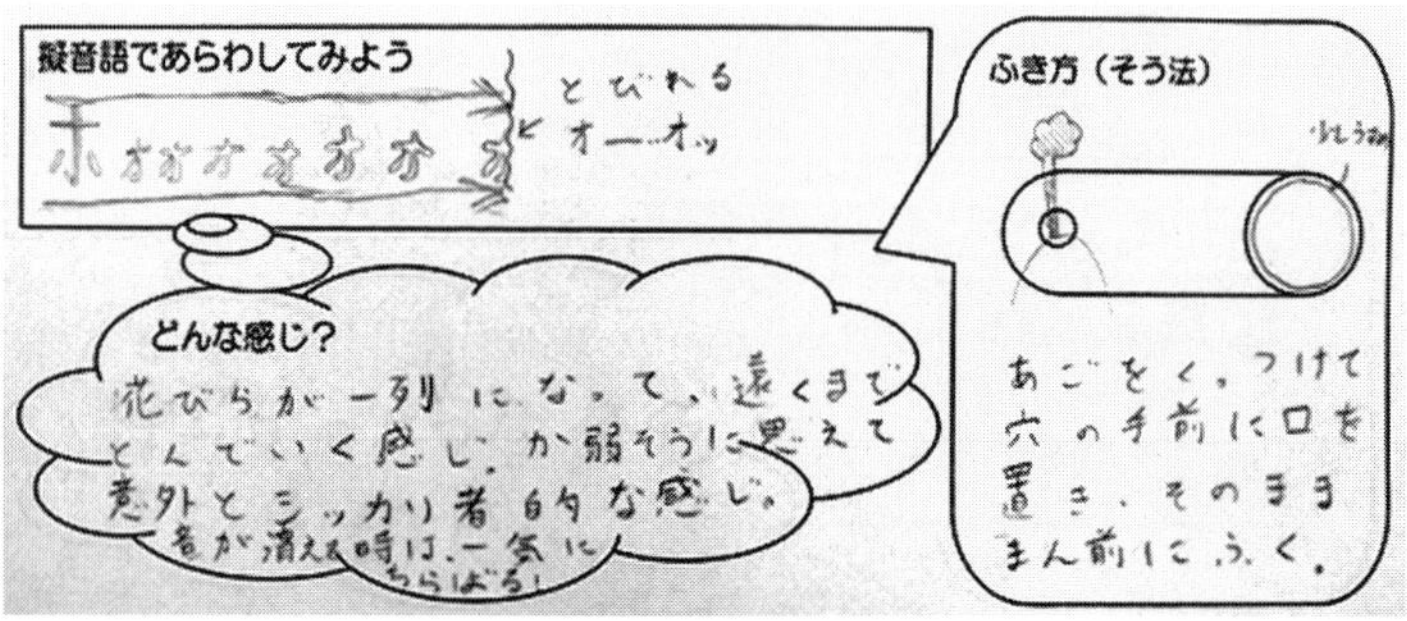

ていた空間から、あちらこちらから音が響き出す空間へと教室の音空間が変化していく。自らの音が身体にまで振動することや、友だちの音に包み込まれる身体を通した感覚を子どもたちは楽しむようになる。「音がいっぱい鳴っていると迫力があるな」「なんか耳がボワンボワンとしてきた」というような、身体を通した空間の変化に対する気づきが出てきたので、みんなで一斉に音を鳴らす場を設定した。

ここでは「いろいろな音色があるからジャングルみたい。高い音は小鳥で、低い音はふくろうの鳴き声みたいに響いているね」や「なんかお寺でゆうれいがでてくる前ぶれみたいで怖い感じがするね」というように、互いの音色が混じり合うことで生まれる響きのイメージがふくらんでいった。さらに、授業者は、このような音色や響きに対するイメージや竹ぼらの海から離れた地域において法螺貝の代用として、お祭りやお寺や神社での式典で用いられるようになったという文化的背景をイメージがもちやすいように映像で伝え、響きの音空間をつくる活動へと発展させた。

② 曲の構成

音楽づくりにおいては、響きのイメージをもとに、子どもたち自身が響きの音空間をつくるという課題を与えた。まず、活動のはじめに、CDで竹ぼらがお寺の式典で用いられている様子を聴く場を設定した。「竹ぼらの響きの中に、鐘の音が一緒に響いているから除夜の鐘みたい」「響きの中に、太鼓の音が時々聴こえるから何かが変わるみたい」というように、竹ぼらと他の楽器との音色のかかわりやそれらが生み出す響きの特質を感じ取った。

音楽づくりでは、竹（こきりこやささらなど）や木（拍子木など）、金《かね》

（すずやボウルなど）、皮（団扇太鼓や胴太鼓など）など、さまざまな素材の楽器を提示し、竹ぼらの音に即興的に重ねていくことができるようにした。六人グループで活動することにより、常に三人が交代で竹ぼらを演奏し続け、竹の響きを感じながら、さまざまな楽器の音色を加え、イメージをふらませていった。このように、常に竹ぼらの響きを感じながら、新たな響きを見いだし、加えていくことで、常に響きを意識した音空間を創造する活動となった。

【各々に、竹ぼらの響きに合わせて、加える響きを探している】
Cさん（DがあたりがねをCの竹ぼらに合わせて鳴らしているのを聴いて）
「これ、あわんやろ！」
Aさん（こきりこ、三板を試したあと、毛糸のマレットでボウルの内側を打って）
「あ！　これするわ！　でも、もうちょっと、長く響くのがいい。」
Bさん「おいたら？」
Dさん「うらは？」（Aは、ボウルの内側を打ったり、外側を打ったり、ボウルの大きさを変えて打ったりと、さまざまな打ち方を試す）
B&D（高い音の響きになったため笑う）
Aさん（ボウルの外側を打ち）「ここにしたら？」
（外側を打ち）「こっち？　なんか違う。」
Dさん（Aが大きなボウルに変えて、内側や外側と打つ場所を試していると）
（Aの音を聴いて）「最初のんよかった。」
Aさん「これ？」
（さらに打ち方を少し柔らかく変えると）「あ！　音変わった。」
（みんながAの鳴らす音に注目）
Aさん（改めて同じ奏法で大きさの違うボウルを試したあと、二番目に出合ったボウルを選択し）「やっぱ、これにするわ。」

次には、竹ぼらに新たな音色を加える音楽の全体的な構成を考えていった。除夜の鐘が響き始めるような空間をつくりたいと考えたグループでは、竹ぼらを一本から二本、さらには、低く重く音を響かせ合う響きの空間を大切に活動を進めていった。

「除夜の鐘は、冬だから冷たくしんみり響くような感じにしたい」という共通理解をもとに、金属の音色(ボウルや合わせがね、すず)のみを加えていった。

響きの長さを大切に、「響きが消えるまでは、次の音を鳴らさないようにしよう」「ここで、高いすずの音をシャラシャラって鳴らすと、誰かが雪を踏みしめているみたいだよ」、というように、響きの音空間を創造していく中で、自然に音空間に対するイメージの共有が図られた。このような共有が、「竹ぼらの音色を活かすためには、もっと他の音色の音量を弱くすると寒い感じの音楽になるんじゃないか」といったパートのバランスを考えたさらなる工夫へとつながっていった。

○考　察

①　想像力

子どもたちは、竹という素材のもつ音色の可能性を追究する過程で、「身体まで響く感じ」「しんみりした感じ」といった音色の質を感じ取っていった。身体全体を用いた音色探究により、響きを耳からのみならず、身体全体の感覚としてとらえ、イメージを深めていった。また、生活経験を想起した活動により、「除夜の鐘は、大晦日の寒い夜にしんみり響く感じ」というようにイメージが具体的になっていった。

② 音に対する感性

竹ぼらの「ボー」という音色＝「除夜の鐘が響くみたい」＝「寂しいけれど、また新しい年が始まることをつげる感じ」という発想は、まさに、日本ならではの年末年始の生活経験に基づくものである。このように、自らの生活経験に照らし合わせて竹ぼらの響きに価値づけをしていることは、音に対する感性を働かせている姿であるといえる。

③ 学　力

子どもたちは、「ただの竹筒からどうやって音を鳴らすんだろう」といった意外性ある楽器づくりへの興味・関心の高まりから、意欲的に音探究を行っていった（関心・意欲・態度）。そこでは、奏法の異なる音色を聴き比べ、擬音語に表すことで、音色の違いをより詳細に知覚・感受し、さらに奏法の工夫を重ね（音楽表現の創意工夫）、実際の演奏へと結びつけていった（音楽表現の技能）。

④ コミュニケーション

本事例においては、常に身体を通した気づきをもとに、「身体がぞくぞくするみたいに響くね」「一緒に音を鳴らしてみよう」というように、音と言葉でコミュニケーションを図っていく姿が見られた。言葉でうまく伝わらない詳細な感受は、実際に「なんかイメージと違うな。こうやって鳴らして」「こっちを打つ方が音が長く響いてイメージに合うよ」といいながら、奏法を具体的に示し、音で確認し合う姿が見られた。このように、言語、身体、音によるコミュニケーションを相互にかかわらせることで、イメージは具現化されていった。

事例8　《水》中学校1年生

兼平佳枝

水は、私たちの日常生活に欠かせない存在である。飲食や手洗い等、さまざまな場面で使用する他に、子どもにとっては、お風呂やプール、雨上がりの水たまり等において遊びの道具でもある。幼い頃の水遊びの経験は、どの子にとっても忘れ得ぬ楽しい思い出として記憶されているであろう。つまり、水は子どもにとって馴染み深い素材であるといえる。本事例では、子どもがこのような変幻自在な水を楽器とし、音楽づくりをしていくことで、水の音色に対して耳をひらかせたい。手でピチャピチャと水面を触ったり、空気のたまったコップを水中でひっくり返してボコボコッという音を鳴らしたり、誰もが経験した水遊びに潜む音色を意識することを発端とすることで、子どもは進んで水の音色を探究していく。そして、友だちとそれらの音色を組み合わせることによって生まれるイメージを、一つの作品として表現させていくことにした。

○授業の概要

指導内容：音色

指導計画：全三時間

〔経験・分析〕　手で水面を叩いたり、すくって流したりして、お気に入りの音を探る。

さまざまな音色を交流し、音色について知覚・感受する。

〔再経験〕　四～五人で一班になり、互いの音色の組み合わせ方を工夫してそこからイメージする情景やシーンを表す。

〔評　価〕つくった音楽を聴いて、自分たちの作品を振り返る。

○子どもたちの様子

(1)　音探究

①　衝動的な水遊び

四～五人一組とした各班に、水を入れた水槽を二つ用意した。まずは、素材である水との相互作用の時間を十分に確保するため、子どもたちには自由に水に触り、いろいろな音を出してみるように促した。水槽を前にした子どもたちは、衝動的にその中に手を入れて水面を叩いたり、揺らしたりする。そして、濡れた手をはじいて友だちと水をかけ合ったりして遊び出す。中学生であっても、友だちと水遊びをすることは楽しいのである。

②　音探究における反省

十分に水との相互作用を行った後は、そこで出したさまざまな音を意識させるため「ピチョン」や「シュワシュワ」等の擬音語で表すようにさせ、さらに、その音がどんな感じがするか、どんなイメージがするかを問うた。これが音探究の反省を促し、子どもは水を「音色」をもつ音素材としてとらえていくようになり、まだ友だちが発見していないおもしろい音を見つけようと、さらに音探究に没頭するようになっていった。具体的には次のようなやりとりである。

> Nさん「Tくんの音なんですけど、Tくんがちょっと細かく水面を叩いた時は、ちょっと高くて、大きく叩いた方が、え～と、細かく叩いた方が高くて、大きく叩いた方が低いというか。そんな気がします。」

教　師「やってみて。」
Tくん「細かい方は（水面を細かく叩く。ピチャピチャという高音）。こんな感じで、大きい方が（大きく強く水面を叩きつける）低い。」
教　師「細かい方はどんな感じがするかな。」
生徒1「子どもが遊んでいる感じ。」
生徒2「雨が降っている感じ。」
教　師「擬音語でいうと？」
生徒3「ピチャピチャ。」
生徒4「パチャパチャ。」
教　師「出し方によって変わりそうなので、またいろいろやってみてください。」

このように、細かく水面を叩くと大きく叩くより高い音が鳴り、それは子どもが遊んでいたり、雨が降っているような感じがしたりするというように、自分の出した音とそれによって生まれる音の質との関係性が意識されるようになっていった。さらに、手だけでなく道具を使ってもよいことを伝えると、ペットボトルやワイングラス、ビニール袋、台所用洗剤の容器、泡だて器、ストロー等を持参して、容器の細い口から水槽に水を注いだり、水を入れたワイングラスの縁をこすったり、水中に差し込んだストローに息を吹き入れたりする等して、音探究を行っていった。

(2) 音楽づくり

① 音に対するイメージの関連づけ

各自がお気に入りの音色を見つけた後は、それを班内で互いに紹介し合う活動を設定した。そして、そこでの互いの音の感じやイメージを関連づけながら、鳴らす順番や組み合わせ等を工夫して班としての音楽をつくるように促した。ある班では、次のようにお気に入りの音を鳴らしながら紹介し合っていった。

	素材の扱い方	感じやイメージ
Sくん	空のペットボトルを水槽の底に沈める。	癒やされる感じ
Kくん	お玉ですくった水を上から水面に一気に落とす。	(聞き取れなかった)
Iさん	粘土のへらで水面を小刻みに動かす。	ちまちました感じ
Bさん	お玉の水を高い位置からビニールの上に落とす。	水面じゃない、水面とはちょっと違う音の感じ。可愛い。なめらかな感じ。雨が降っている感じ。傘にあたっている感じ。

音色の紹介後は、これらの音をIさん➡Bさん➡Kくん➡Sくんの順で鳴らしてみた。それを聴いたBさんが「う〜ん、これ、どういう……。どういうふうに関連づけるか……」とつぶやくと、Iさんが「雨が降って(Iさんの音色)、傘にあたって(Bさんの音色)、ドボドボして(Kくんの音色)、池でおぼれた(Sくんの音色)」という個々の音色をイメージの全体性の中で関連づけを試みた発言をした。それに対してSくんは「ああ、いいね〜!」と共感を示す。しかし、その後Bさんの音色(ペットボトルの水をビニールに落とす)による「雨が降っている」というイメージの全体性の中で、Iさんの音色(へらで水面を動かす)が雨の降り始めのイメージと関連づけられたものの、Kくんとの音色(お玉の水を一気に水面に落とす)をどのように意味づけたらよいかということが問題となった。さらに、Sくんは「このブクブク(空のペットボトルを沈めた時の音色)を生かせない?」、とKくんの音色につなげる自分のお気に入りの音色も作品に取り入れてほしいと投げかけた。そこに、Iさんが「あ、カエルが跳び込んで(Kくんの音色)〜、中に入って(Sくんの音色)〜、みたいな」と、これ

までの「雨が降っている」というイメージに、KくんとSくんのそれぞれの音色を関連づける提案をした。班員全員がその意見を絶賛し、「雨が降っている中でカエルが池に潜っていく」という全体のイメージが決定した。

② 曲の構成

互いの音に対するイメージの関連づけができると、表現したい音楽全体の「雨が降っている」というイメージに近づけるために、道具の使い方や水の注ぎ方の工夫が行われていった。たとえば、Bさんは自分のお気に入りの、お玉の水をビニールに落とした時の音色を、さらに雨が降っているというイメージに近づけようとしていた。そこで、「ペットボトルでもできない？」、とBさんが班員に投げかけると、Sくんがペットボトルに水を入れて、それをビニールの上に勢いよく注ぐという実験を行う。それを聴いた他の班員が、「少しずつチョロ～ってやるようにしないと」と、Bさんのイメージにさらに近づけるような音の出し方の提案をする。そして、ペットボトルに入れる水の量を調整したり、高い位置から注いだりして、イメージに合う音色を追究していった。

その後、ペットボトルのふたを伝わせて注ぐことによって生じる、水を拡散的にビニールに落とした時の音色に対し、「これ、いいんじゃない？」「（雨が）降ってるよね！」と、全員の納得が得られた。すると、Iさんが「私、（へらを水面で小刻みに動かす音色を）降り始めみたいに弱くする」と、Bさんの音色へのつながりと共に、「雨の降り始め」という音楽全体の構成にかかわる時間的なつながりを意識した発言をし、全員で通して演奏してみることになった。

このように、イメージを実現する音色を追究する過程で、それがより詳細なものとなっていくことで、音色と構成、強弱が結びついた表現へと発展していったといえる。

○考　察

① 想像力

子どもは、水という素材のもつ音色の可能性を追究する過程で、「ちまちました感じ」「癒やされる感じ」等の質を感じ取っていった。そして、それらは「雨の降り始め」「カエルが池に飛び込む」というイメージと結びつき、さらに「雨が降っている」というイメージの全体性の中で関連づけられていった。関連づけに働いたものは、雨降りの情景、池に戻っていくカエルの様子等、共通の生活経験をもとに共有化されるイメージであったと考えられる。

② 音に対する感性

空のペットボトルを水面に沈めた時のブクブクという音色＝癒やされる感じ＝雨の中カエルが池に戻る、という発想は、まさに松尾芭蕉の「古池や　蛙飛び込む　水の音」という俳句の世界観にも通じるものである。これは、過去に静けさに包まれた池の風景を見て感動したり、カエルが池に飛び込むのを興味深く観察したりした際の状況の質と、空のペットボトルを水面に沈めた時の音色の質を結びつけることで、その音色を自分にとって価値あるものとして選択しているといえる。このような点に音に対する感性を働かせていると考えられる。

③ 学　力

子どもは、雨が降りしきる静けさの中でカエルが池に潜っていくという世界観を水の音色で表現するために、意欲的に音探究を行った（関心・意欲・態度）。そこでは、ペットボトルの水を普通に注いだ音色と、ふたに水を伝わせて注いだ音色の微細な違いを知覚・感受したうえで、ふたを伝わせた時の音色の選択を行っていた。さらに、高い位置から「チョロ～」と水を注ぐ等の調整を試みると共に、「雨の降り始めだから弱くする」といった強弱の工夫を行い（音楽表現の創意工夫）、そのために水を注ぐタイミングを工夫したり、ペットボトルを傾ける角度等の道具の扱い方を工夫したりするなどして、実際の演奏表現へと結びつけていった（音楽表現の技能）。

④ コミュニケーション

お玉で水をすくっては落とすという行為をくり返すKくんの音色を聴きながら、全員で「雨が降っている」というイメージの全体性の中でKくんとSくんの音色をどのように意味づけるかを考えていた時、Iさんの「あ、カエルが飛び込んで（Kくんの音色）～、中に入って（Sくんの音色）～、みたいな」という発言に、Bさん「それだ！」、Sくん「素晴らしい！」と称賛する。さらにSくんが、「これ（K君の音色）で飛び込んで、これ（S君の音色）で潜る」と、Iさんの発言を復唱しながら演奏すると、それを聴いたKくんも「素晴らしい！」とIさんに声をかけ、再度お玉の水をすくって水面に落とした音色を聴き満足気な表情を浮かべていた。Sくんも「これだと、ブクブク（Sくんの音色）も生きるね！」と、Iさんにその一言を待っていたとばかりに声をかけていた。このように、言語、身体、音によるコミュニケーションを相互にかかわらせながら共感的なコミュニケーションが実現されていった。

事例9　《木・石・金属・陶器》中学校2年生

森山ちさと

木、石、金属、陶器は私たちの生活用品の中にさまざまな形で存在している。茶碗を箸で叩き、「お行儀が悪い」と大人から注意された経験は誰にでもあるのではないだろうか。これらの素材は、私たちの身近にありながら、これまで「音を奏でるもの」として生徒たちに意識されることはほとんどなかった。そこで、本事例では、これらの素材が、鳴らす部位や鳴らし方によってさまざまな音を出すということに気づかせていき、同時に各々の材質のもつ独特な音の質感に注目させていく。

○授業の概要

指導内容：音色

指導計画：全三時間

〔経験・分析〕　自分の担当する素材を決め、自分の選んだ素材で、鳴らし方を工夫し、さまざまな音色を見つける。同じ素材を選んだ生徒で五人程度のグループをつくり、漸増漸減のテクスチュアで音を重ねる。二つのグループが組になって、互いのグループの音を聴き合い、イメージしたことを伝え合う。対照的な音色のする二つの素材を取り上げ、どんなふうに質感が違うのかを比較聴取する。

〔再経験〕　自分のグループの素材の音色を生かして、タイトルを決める。タイトルをもとに、そのイメージに合った音楽の構成を考え、表現の工夫をする。

〔評　価〕　つくった音楽を発表し合い、それぞれのグループの素材の音色の違いを感じ取る。自分たちの作品を振り返る。

○生徒たちの様子

(1) 音探究

① 衝動的な音探し

第一時では、教師が木・石・金属・陶器の素材を数種類ずつ用意し、生徒たちに自由に鳴らさせるようにした。これまで、音楽の授業では楽器を用いるものだという固定観念にとらわれていた生徒たちは、はじめは戸惑った様子を見せていたが、「好きな素材を選んで好きなように鳴らせばよい」と伝えると、しだいに大胆に音を鳴らし始めるようになった。生徒たちは、手もちのマレットで用意されたさまざまな素材を衝動的に叩き、どのような音が鳴るのかを試していた。素材を入れるための段ボールを偶然叩き、その音の大きさに驚いている生徒がいたり、机や椅子など身の回りにあるものを手当たりしだいに叩いて音を試していたりする場面も見られた。偶然性からも、さまざまな音を発見していた。ただし、この段階では、生徒たちは「音を鳴らす」という活動に意識が向いており、「自分が出した音を聴く」という外的世界から内的世界へ向かう活動はあまり見られない。

② 音探究における反省

さまざまな素材から一つ自分で素材を選ばせて、その素材で異なった三つの音色を探すよう促した。それまで衝動的に素材を叩いていた生徒たちは、この活動で音色に耳を傾けていくようになった。耳のそばに素材をもっていき、音を鳴らしてみて、音色の微妙な違いを聴く姿が見られた。素材を叩く場所を変えたり、叩く強さを変えたりして、一つの素材から異なる音色を探そうとしていた。たとえば、筒状の缶を手にしていたAさんは、缶のふたの部分と底の部分を叩いて音を比べていた。また、大きな段ボールを選んだBさんは、ふたになる部分を強く叩き、側面部分を弱く叩いて音の違いを生み出していた。

自分の素材で見つけた音を、同じグループの友だちに発表し合った。その際、教師は、生徒たちに付箋を配り、「その音がどんな感じだったか」を記入して、素材のもち主に渡すよう伝えた。その付箋によると瓶の口辺りの細い部分を叩く音に対して「コンコンコン」というように音を擬音語で表しているものが多かった。他に、段ボールの側面を力強く叩く音に対して「太鼓みたいや」と、自分の知っている楽器の音と関連させた発言や、ステンレスのボウルの底を叩く音に対して「中国っぽい」「ポワポワや」という自分のイメージをいう記述があった。

(2) 音楽づくり

① 音に対するイメージの関連づけ

第二時では、教師が用意した素材を用いることをやめ、第一時と同じ素材のものを各自もってこさせた。自分が持参した音具を鳴らす態度は、前時とは大きく違って、愛着をもっているようだった。中には、お菓子の入っていた缶に自分で小石を入れてきた生徒もいた。「これ、大きい石を入れたら低い音がして、小さい石にしたら高い音がするねんで」という発言もあり、この生徒が音を聴いて持参する音具を選んできたことがうかがえた。

まずは、漸増漸減のテクスチュアを指定し、グループのメンバーで音を重ねて鳴らさせた。次に、対照的な二つのグループの合奏を比較聴取し、素材によってどのように音色の感じやイメージが違ってくるのかを感じ取らせた。選んだ素材は、石と缶（金属）である。ある生徒は、石のグループの合奏を「癒やし」「心が落ち着く」と表現し、缶のグループの合奏を「小悪魔」「何か怖かった」と表現した。他の生徒にも発言させようとしたが、発言を引き出すことができなかったので、「先生は、石のグループは温かい感じがしたので、焚火を思い出した。

缶のグループは、冷たい感じがしたしポツポツという音がしたので、雨漏りとか雨の風景を想像した」と授業者が例を示した。

その後、二つのグループでペアになり、互いの合奏を聴き合い、イメージをいい合う活動を行った。そこでは先ほどの比較聴取とは違い、石のグループの音を聴いて「カタカタいってたから列車が走っているみたい」「鍛冶屋みたい」「ロック感があった」「製鉄所みたい」「まるで崖を歩くような緊張感があった」、また紙のグループを聴いて「大失恋」「ハートが破れた音」というように、イメージにより深まりが見られ、それを自分たちの言葉で表現することができていた。

この深まりは、比較聴取の際の授業者の発言がきっかけとなったと考えられる。「どんな感じ?」「どんなイメージ?」と聞いても、生徒たちがどう答えてよいのかわからない場合には、授業者が一例を挙げてやることも手立てとして有効であろう。

② 曲の構成

それぞれのグループで音色とイメージの関連づけができると、そのイメージをもとにタイトルを決め、これまでは即興的に鳴らしていた音を音楽に構成していく活動へとうつした。その際、漸増漸減というテクスチュアだけを与え、その他の音楽の要素(強弱・速さ・入る順番等)もイメージに合わせて工夫してよいことにした。また、音色の特徴によって有拍の音楽にしても、無拍の音楽にしてもよいこととした。

この活動では、個々の担当する素材の音色を全体の合奏のイメージへ結びつけていく様子が見られた。たとえば、陶器のグループでは、まず一人ずつ自分の素材を鳴らし、それがどんな音なのかを話し合うところから音楽の構成が始まった。Cさんの鳴らすガラスのコップの音を「風鈴みたい」「涼しげ」とイメージし、さらにDさんの鳴らすゴマ油の瓶(口の部分にギザギザの部分があり、そこをギロのような鳴らし方をしていた)の音色を

「蝉が鳴いているみたい」とイメージした。そこで、「夏っぽい」というイメージにつながっていった。また、Eさんの鳴らす小鉢の音を「お寺のポクポクみたい（木魚のこと）」とイメージした。そして、テーマが「お寺の夏の朝」に決まった。また、Fさんの鳴らす陶器の皿を、「お母さんが朝ごはんをつくってる音」というふうにイメージした。

○考　察

①　想像力

生徒たちの音に対するイメージは、大きく四つの段階を経て展開していった。最初は、音を鳴らし外的世界へ表出するのみで、まだイメージはもっていない。次に、音を擬音語で感受していたが、まだ自分たちの経験と結びついた具体的なイメージは出てこない。そして、自分たちの経験と結びつけて、ガラスのコップの音色を「風鈴みたい」「涼しげな感じ」と感受する。最後に、個々の音のイメージを結びつけ、全体的にまとまりのあるイメージへと展開していった。ここでのイメージは皆が共感できる、生徒たちの生活経験に基づいたものであった。

②　音に対する感性

「お寺の夏の朝」という合奏を聴いた生徒が書いたアセスメントシートから、音に対する感性をうかがい知ることができた。

たとえば、陶器のグループに対して「お母さんが寝坊して、急いでエプロンをつけて朝食をつくる感じ」「せわしく人が動いている感じがした。朝食つくっている感じが伝わってきました」という記述が見られた。これらの生徒は、陶器の音を自分の日常生活の場面へと結びつけている。また、同じ陶器を選んだ別のグループに対して、「夏の風鈴の音みたい。虫もいるみたい」と自然の情景をイメージしている生徒もいた。

③ 学力

生徒は、お寺の夏の朝の風景を表現するために、意欲的に音探究を行った（関心・意欲・態度）。生徒たちは、ガラスのコップが風鈴、ゴマ油の瓶が蝉の鳴き声など、それぞれの素材の音色を、イメージをもって知覚・感受したうえで、よりそれらしく聴こえる音色を探究していた。また、イメージした「お寺の夏の朝」という情景を表現するために、まずは蝉がずっと鳴いており、それから木魚の音が聴こえてくる、といったふうに素材の加わる順番やタイミングを図っていった（音楽表現の創意工夫）。そして、マレットを当てる箇所や叩く強さを試しながら、音楽表現へとつなげていった（音楽表現の技能）。

④ コミュニケーション

音色探究では、友だちの鳴らし方を模倣をしていくことで自分の新たな音色を発見していく場面が見られた。ガラスのコップをもっている生徒Cが、マレットを往復させて飲み口のところをチロチロチロと鳴らすと、隣りにいたブタの貯金箱をもった生徒Gが、同じようにお金を出す口の部分をもっていたスプーンを往復させてチロチロチロと鳴らし始めた。そして、Cがコンコンコンと叩き出すと、同じようにGもコンコンコンと叩く奏法に変えていた。また、陶器の皿をもった生徒Fが皿の裏面をマレットの後ろを往復させてガサガサと鳴らし始めると、両脇にいたD、E、Gも横からFの皿を鳴らし始めた。そして、Dが「ブワーッて感じで」とFにいうと、Fは「頑張るわ」と答えていた。

陶器の皿をもったFは皿の裏面のザラザラとした材質の箇所を、マレットを使ってこするように演奏していた。すると、Gが、Fの皿を自分のもっているスプーンの後ろを使って、同じようにこすり始めた。それを見て、FはマレットのF反対部分でGと同じようにこすった。Fはその音を聴いていたが、自分のイメージと合わなかったようで、今度は皿を表に返して、ツルツルとした材質の箇所をマレットの丸い珠のついた方でこすってみた。すると、Eが横からFの皿の表を自分のマレットで叩いた。Fは、その音を聴いて「お母さんが朝ごはんをつくる音」というイメージと一致したようで、Eの奏法を採用することに決めた。

音や鳴らす動作や言葉によるコミュニケーションが一体となって新しい発想が生まれていた。

事例10 《竹》中学校2年生

宇都まりこ

竹は我が国に古くから根づいているものであり、竹垣や門松、竹ふみ、竹籠や団扇、筍、竹取物語といったように、我々の身近なところに存在している。そのため子どもたちは幼い頃から、日常的に竹を見たり竹に触れたりする機会がこれまで何度もあっただろう。また文献などを調べると、竹は古来より我が国や諸外国において、「尺八」や「アンクルン」「ケーナ」「レインスティック」「バリンビン」など、さまざまな楽器に姿形を変えて伝統的に演奏されていることがわかった。つまり、竹はそれ自体が多くの音色を奏でることのできる楽器でもあるといえるため、子どもたちのより豊かな音楽表現を促すことができるのではないかと考えた。

本単元では、子どもたちが竹について関連する自分の過去の経験やさまざまな音色の響きから多様なイメージを生み出し、イメージに沿った音色が表現できる楽器をつくり、その楽器の音色を生かした音楽づくりをグループで協力しながら行うことで、子どもたちの豊かな音楽表現を促したい。

なお、この実践はキルパトリックの「プロジェクト法」を教育方法としたものである。教師はファシリテーターに徹し、子どもたちが目的に向かって自分たちで計画し、遂行していくという過程で行われた。

○授業の概要

指導内容：音色、構成要素と曲想との関係
指導計画：全七時間
〔目的〕身近にある竹について考え、プロジェクトに対する目的意識をもつ。
〔計画〕グループでプロジェクトを計画・立案し、必要なものの準備を行う。
〔遂行〕計画に沿って竹楽器を製作し、それを使った音楽づくりを行う。
〔判断〕プロジェクトの成果発表会を行う。

○生徒たちの様子

(1) 音探究

① 竹に関するブレインストーミングと音探し

子どもたちは、授業の冒頭にてこれまでどこかの場所で実際の竹を見たことがあるかどうかについて意見交流を行った。そこでは「祖父母の実家で竹林を見た」とか、「京都に行ったらよく見た」「家に踏み竹がある」「お店でししおどしを見た」、さらには「小学校の時にやった流しそうめんの時にめっちゃ竹が長くつながってた」など自身の知っている竹について矢継ぎ早に答えていた。

続いて子どもたちは実際に竹に触れるという音探し活動に取り組んだ。

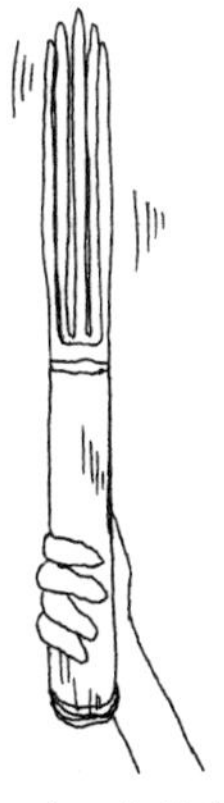

生徒がつくった竹楽器の例

彼らは普段あまり実際に触ることのない竹に非常に関心をもっている様子であり、用意された大小長短さまざまな大きさの竹を思い思いに選び、竹を自由に叩いては音を聴き比べたり、友だちと音の鳴らし合いをしたりするなど活動に没頭した。

② 音探究における反省

活動を行っている間、ひたすら竹をものに打ちつけて音を鳴らしている子どもが多くを占めていた。そこで教師が「叩く以外にも、いろんな音の出し方があるんじゃないかな?」と子どもたちに投げかけた。

すると、それまでずっと机にうつ伏せていた男子Aは、それを聞くと、竹の空洞に向けて息を何度も吹きかけ始めて「笛みたいに（音が）鳴らへんかなあ〜」と呟き、夢中になって音を探し続けた。また、彼は次にさまざまな種類の竹を次々と手に取り、「叩いた時、長い方が、音が低くなるわ」「竹同士を叩く方がええ音すんで」など友人らに積極的に発言していた。これは、彼の周りの友人たちが楽しそうに竹に触って音探しをしている姿を見て、男子A自身の中で「竹を鳴らすと一体どんな音がするのだろう」「竹はどんな感触がするのだろう」「自分もやってみたい」という好奇心が生まれ、友人らと一緒に自分も同じようにやってみたいと純粋に思ったためではないかと考えられる。また、他の子どもたちも竹同士を叩き合わせたり、ボールペンや、定規や、木琴のスティックを使って竹を叩いたりした上に、竹を叩く速度や強さも変化をさせるなど、一人ひとりが竹からたくさんの音を見つけ出そうとしていた。

(2) 音楽づくり

① 音に対するイメージの関連づけ

A班の活動では、彼らは竹そのもののイメージから音楽をつくるのではなく、自分たちのつくった竹楽器の音色から浮かんだイメージをもとに音楽づくりを行っていた。彼らの音楽作品のタイトルは「チーズ＆パルメザン」である。これは、男子Kが竹にスリットを入れたバリンビンを製作したことにある。男子Kは、自分のバリンビンの音が、シャラシャラとした細やかな音をしていることに気づき、その特徴的な音色に良さを感じた。彼は、まず隣に座る男子Oに「聞いて！　変な音になったで」と伝えたところ、興味深そうに男子Oがバリンビンに耳を寄せてKの演奏を聴いた。すると男子Oも笑顔で「ほんまや！　竹とは思えん音がする」と答え、続いて「なんていうの、あれっぽい。料理の時の。こすってるやつ」というと、今度は傍にいてそのやりとりを聞いていたのであろう女子Tが「チーズとか削るやつでしょう?」と間に入り、二人が「そうだそうだ！」と納得していた。

彼らはその後、その音を同じ班の他の仲間に紹介し、彼らのイメージを共有した。すると、そこから彼らの音楽づくりはバリンビンのこすった音を音楽構成の中心に置いて進めることとなった。演奏譜に書かれた彼らの具体的なイメージによると、バリンビンでホテルの料理人がチーズを削っている様子を表現し、それ以外の楽器によってそのチーズを削っている人物が、調理時間がなくなりだんだん焦っていく気持ちを、全員が楽器を演奏する速度をじょじょに速めたり遅らせたりするなどして表現することにした。

② 曲の構成

音楽づくりでは、班ごとにさまざまな竹の音色についてのイメージをもち、それを音楽作品として表現するにはどうしたらよいかといったことについて、真剣に話し合いが行われていた。

彼らのつくった竹楽器はほとんどが音階のないシンプルな音響をもつものであったが、その楽器から自分の気に入る音を見つけ出そうとして、何度もそれを叩いたり吹いたり、竹筒の中に入れる素材の量を細かく調節したりしていた。

すると自然とその音からリズムが意識されていき、そこからいくつものリズムパターンが生まれた。子どもたちは自然とそれを使って皆で合奏をし始め、彼らのいくつかのリズムパターンを反復するうちに、自然と問答を行ったり、互いの音を重なり合わせたりするなど、常に音の高低や強弱、速度、テクスチュアが意識された音楽がつくられていた。またそれが、彼らの内にある竹や音に関するイメージと自然に結びつけられ、最終的にはイメージに沿った、彼らの納得いく音楽作品を完成することができていた。これは、彼らが過去に獲得した音楽の知識や技能を、実際の音楽づくり活動に自らのイメージに沿って、適宜活用して表現するという力を発揮することができていたといえる。

B班では、竹のブレインストーミングの段階において「童話」というグループ分けをしていたことから、自分たちのつくろうとする音楽のタイトルを「かぐや姫」に設定していた。そのため、班の全員がつくる楽器も、大きな音を求めるものではなく、小ぶりな細かい音が出る楽器をそれぞれ製作することに決めるというように、竹から浮かんだイメージをもとにしてつくる楽器を決定していた。そして、タイトルから考えた音楽のイメージを「かぐや姫が月に帰ってしまうところの悲しさ」としていたことから、彼らの音楽は全体を通して非常に静かな展開を見せるものとなり、高音の響きを生かした笛を中心に据えて、風の吹く様子や、かぐや姫が去っていく様子を音のフェードインとアウトをくり返すことで表現していた。

○考　察

①　想像力

子どもたちは、竹という素材をはじめて意識しながら触れたことで、その音色からさまざまなイメージをふくらませていた。例を挙げると、ある班の子どもが楽器を叩き続けながら簡単なリズムパターンを反復していた時のことである。その際、一人の男子が連続して鳴らされるその竹の音を聴きながら「なんか先住民っぽい。アフリカ?」とつぶやいた。すると、それを聞いた別の男子が「アマゾンちゃうん。マサイ族みたいな」と共感するように返した。これは、音を反復しながら、彼らの記憶の中にある自然の中に鬱蒼と群生する竹のイメージと音色とを結びつけたのだと考えられる。

さらに、彼らはそれにおもしろさを感じたのか、続いてアフリカの先住民の歌のような歌い真似をし始め、より激しく音を合わせて鳴らしていた。その発言を聞いていた女子が取り上げ、「じゃあ、うちらの音楽のテーマそれにしようよ」と問いかけ、彼らの音楽のテーマが「みんようみんぞくのほこり」に決定していた。「みんよう」はおそらく「民謡」を指すと思われるが、これは先の男子らのアフリカの先住民の歌の真似からその発想が生まれたのだと考えられる。

②　音に対する感性

竹に関するブレインストーミング活動において「童謡」というグループ分けを行っていたB班では、竹から「竹取物語」を連想し、音楽のテーマとしていた。女子が細い竹を集めていくつかの横笛をつくり、男子らがマラカスやマリンバなど細かい音が出る楽器をつくっていた。これは、物語においてかぐや姫が月に帰るクライマックスシーンを全員が思い浮かべ、その時のかぐや姫は寂しい気持ちだったのだろうと共感したことから、その気持ちを表現するために全員で高く細やかな音が出る楽器をつくったといえる。音に対して自分たちの世界観（イメージ）を合致させようという感性が働いていたといえるだろう。

③ 学　力

Ａ班のバリンビンの例では、彼らは竹から出てきた予想もしなかった音に驚きとおもしろさを感じ、それを進んで他者に伝えて聞き合い、それを生かした音楽づくりに取り組むなど主体的に活動に取り組んだ（関心・意欲・態度）。そのバリンビンの音から生まれた音と、鳴らす様子を知覚・感受したことから「チーズを削る料理人」というイメージが生まれ、それをもとに音楽作品のストーリーを考えて、イメージに合わせて演奏の速度や音量などを調節した（音楽表現の創意工夫）。そしてその音楽を全員で一つの音楽作品にまとめあげ、全体に発表することができていた（音楽表現の技能）。つまり本実践は、表現領域において伸ばすべき学力が育っていたといえる。

④ コミュニケーション

バリンビンを製作した男子Ｋが、そのシャラシャラという音を鳴らすことに夢中になっていると、それを見ていた同じ班の男子Ｇがその音の鳴らされる速度が速くなっているのを聴いて「何あせっとんねん」とおもしろがって話しかけた。するとＫがわざと声音を変えて高い声で「だってぇ！　わたくしはいそいでチーズをね、チーズを削ってパスタを完成させないと駄目なのよぉ！」と芝居するフリをして、周りの子どもたちを笑わせていた。そしてここでの彼のこのような行動によって、班の音楽作品が「チーズ＆パルメザン」として料理職人の様子を表現するものとなった。このように、言語のやりとりや、動きや、音の様子からコミュニケーションが生まれて全員でイメージを共有して発展させていたといえる。

事例11 《団扇》高等学校1年生

高田奈津子

歌舞伎の黒御簾《くろみす》音楽の楽器に「雨団扇」というものがある。和紙に柿渋が塗られた渋団扇の片面に、小豆や大豆が糸でつり下げられた楽器で、柄を揺すって音を出し、雨の音の擬音に用いられる。この「雨団扇」に着想を得て、団扇を使って楽器をつくり、グループで何らかの情景を描写する音楽をつくることにした。

団扇という素材は、簡単に手に入り、加工がしやすく、楽器製作にもさほど労力や時間を要しない。何より、ビーズやボタンなど身近なものをつり下げたり貼りつけたりするだけで、鳴らしたいという衝動にかられる楽しい楽器である。また、素材によって音が変わるので、音を確かめながら少しずつ製作を進められるのも利点である。

音を探究しながら楽器をつくって音楽につなげていくという活動は、人間が音楽を生み出してきたプロセスに立ち返るものである。団扇でつくった楽器は、音色や音高の多様性と変化が期待できる。したがって、本事例では生徒の音に対する感性の覚醒をはかり、イメージをもって音を吟味し音楽を構成できるようにするのが目的である。

○授業の概要

指導内容：音色

指導計画：全六時間

〔経験・分析〕 団扇と各自が選んだ素材を用いて楽器をつくる。

音を鳴らしてみて交流し、音色の特徴を知覚・感受する。

〔再経験〕グループで、それぞれの楽器の音色を生かし、イメージした情景を表す音楽をつくる。

〔評　価〕つくった音楽を演奏発表し、各グループの音楽について交流し、ワークシートに記入する。

○生徒たちの様子

(1)　音探究

①　音遊びから素材と発音の仕組みの吟味へ

事前に「団扇を使って楽器をつくります。団扇と何か材料、道具など、自分で必要なものを考えてもってきなさい」とだけ予告しておいた。「雨団扇」の存在もあえて知らせず、どうやって音を鳴らすかも自分で考えさせた。生徒たちは音が出せそうなものをいろいろともってきた。ビーズ、ボタン、クリップ、貝殻、小銭といった小物から、たわし、スプーン、箸などの生活用具、空き缶やペットボトルなどの廃品、さらに凧糸、釣糸、ゴム紐、紙、アルミホイルなど、形も材質も多岐にわたった。

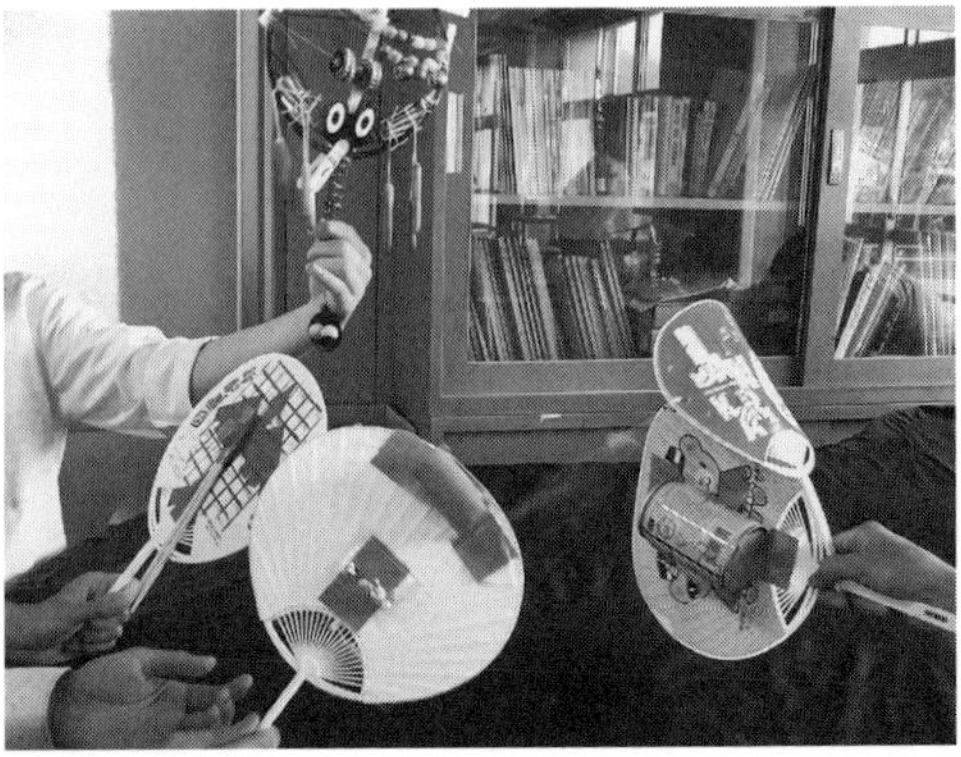

友だちと互いにもってきたものを見せ合った瞬間から、嬉々として音遊びが始まった。容器にビーズやボタンを入れてガラガラ振る、貝殻や石をぶつけ合う、たわしやスチールウールで団扇をこするなどして、お気に入りの音を出すことに夢中になった。団扇も、二枚重ねにして間にペットボトルのふたを挟み込みパカパカ鳴るよう

にする、紙を剝《は》いで骨だけにしてギロのようにこすって鳴らす、紙の代わりにアルミホイルを貼り細かいビーズを入れてサラサラと鳴るようにする、曲げて弦を張り竪琴のように爪弾くなど、もはや団扇は原型をとどめないほどに形を変えられ、楽器につくり変えられていった。そして、理想の音を求めて試行錯誤をくり返し、友だちと材料やアイデアを交換しながら製作は進められた。また、たとえば団扇をたわしでこする時の力のかけ具合や速度によって音色や音高が変化することにも気づいたりして、奏法も工夫した。その結果、「雨団扇」のような素材をつるすだけの楽器をはるかに超えた、さまざまなタイプの体鳴楽器、膜鳴楽器、弦鳴楽器がつくり上げられた。複数の音が出せる楽器も多かった。

② 音探究における反省

自分の楽器の音色を擬音語で表し、どんな感じの音か、何をイメージするかをワークシートに書きとめた。次に、楽器製作時にあまり交流していない離れた席にいる友だちに、自分の楽器について同じことをしてもらい、次のように交流した。

> Aさん（楽器を鳴らす……弓なりに曲げた団扇の柄を、鈴をつけて重ねたもう一枚の団扇の表面にはじいて打ちつける）
> 教　師「Bくん、（Aさんの楽器の音は）どうですか?」
> Bくん「なんか……パラン、という感じ。ものを割った時というか、割れる時というか……そんな感じのイメージがしました。」
> 教　師「（Aさんに）自分としてはどうですか?」
> Aさん「ドンドンという音で、なんかちょっと祭っぽいかなって……」

Bくんは、打ちつけられた衝撃音と鈴の金属音から「ものが割れる」イメージをもった。一方Aさんは、打ちつけられた音を「太鼓」、鈴を「鉦」のようにと考えて祭のイメージで楽器をつくっていた。Bくんの思いついた擬音語とイメージは、Aさんが追究した音のイメージとはかけ離れていたが、新しい発見になった。このようなやりとりの中で、一つの音に対するイメージの多様性とイメージの共有の可能性の両方について考えられるようになった。

(2) 音楽づくり

① 音に対するイメージの関連づけ

ここでは、数人のグループで、各自がつくった楽器を持ち寄り、音楽をつくる。まず、自由にそれぞれの楽器を鳴らす。鳴らしているうちに自分の音にも友だちの音にも「いいな」と思うところを発見したり何らかのイメージをもったりしたことを、反応したり言葉で表したりする。つまり音と言葉によるブレーンストーミングを行うのである。そして、どのような情景が描写できるだろうかと、そのやりとりの中から探っていく。女子四人のグループのやりとりは次のようなものであった。

Cさん（楽器を鳴らす……団扇両面の紙を剝いで代わりにアルミホイルを貼り、間に細かいビーズを入れたものを扇ぐように振る）
Dさん「（Cさんの楽器の音を聴いて）蝉！　蝉！　蝉役！」
「（自分の持つ楽器をCさんに渡し）こっちでやってみ。」
Cさん（楽器を鳴らす……アルミホイルと細かいビーズの入った折り紙製の箱を貼り付けた団扇を水平に振る）
Dさん（楽器を鳴らす……片面に安全ピンを沢山つり下げた団扇を水平に振る）
Eさん（CさんとDさんの真似をして楽器を鳴らす……両面アルミホイルの楽器）

Fさん（楽器を鳴らす……ゴム紐に通した玉を団扇表面に打ちつける）
「ヒューッ、あ、いうたらあかんのや、ヒューッ（バンッ）、ヒューッ……」

このように楽器を鳴らして、互いの音に一心に耳を傾けている時間が圧倒的に長く、言葉は少なく独り言のようなもので会話の体をなしていないことも多かった。しかしCさんはDさんに「蝉役」といわれて、楽器の鳴らし方を扇ぐような振り方から水平に小刻みに振るように変えて蝉の鳴き声を表現しようとしたし、Fさんは「蝉」という言葉から夏の情景を想起して打ち上げ花火を表そうとし始めた。Eさんは黙って友だちの真似をするように楽器を振っていたが、「ヒューッ」という音のところで楽器の柄の部分の穴を吹こうとしたり、プラスチックスプーンを表面にあてた楽器を揺すって鳴らしたりした。つまり、ここでは楽器の音によるコミュニケーションで「蝉」「夏」「花火」と連想していき、情景が浮かび上がってきたのである。

② 曲の構成

「ヒューッ」という花火が打ち上がる時の音は、楽器の柄の部分の穴を吹いて出そうとしたがうまくいかなかった。そこで「蝉しぐれと寄せては返す波の音がする浜辺で、遠景の花火を見ている」という情景に具体化した。蝉の鳴き声、波の音、花火の爆発音、火花が砕け落ちる音、というように、周囲の環境と花火の一連の変化の中から表すべき音を厳選した。そこに空間的な広がりと時間的経過をもたせることで、個々の情景や事物を表す音からつながりのある音楽へと発展していった。

その後、各グループの作品を聴き合った。作品の演奏を聴いて、どんな感じがしたか、何を思い浮かべたかとその理由をワークシートに記入して交流した。前述の「海の花火」は、はじめに「サラサラ」とビーズやクリップを揺する音で蝉しぐれや波の音を表し、「パンッパンッ」とゴム紐で玉を打ちつける音で花火の爆発音を表し、

「パタパタ」とプラスチックスプーンが団扇表面にあたる音で火花が砕け散る音を表した。聴いていた友だちは「最初の音は大雨が降っている感じで、途中のパンッパンッという音が雷のように聴こえた」「なんかサラーッとした感じだったので、砂時計かなと。パンパンという音は（砂時計を）裏返したのかと」「Dさんの鳴らしていた音が海の砂浜の感じがした」と、どの音がどのように聞こえたかを明確にしてイメージを語った。「パンッパンッ」とゴム紐で玉を打ちつける音は雷の他に花火や鉄砲、「サラサラ」とビーズやクリップを揺する音は砂浜や波の他に雨や鳥という意見も多かった。そしてどの音を中心に、それを何ととらえるかで全体のイメージも決まってくることがわかった。たとえば「パンッパンッ」を雷ととらえたものは「サラサラ」を雨と感じるなど、他の音に対しても連動したイメージをもち、自分なりの情景を描いていたのである。

別の男子グループの「竹林」という作品では、竹林の中を風が吹き抜けて葉がそよぎ、竹がぶつかり、また竹を切る音を表現した。作曲者たちのねらいどおり、団扇を曲げて張った弦を爪弾く音色を箏や三味線のようにとらえ、「和風」のイメージをもつ者が多かった。しかし、つり下げたものを振って表した「吹き抜ける風にそよぐ葉」や、叩いて表した「竹を切る音」を、雨や足音ととらえる者が多かったのが相違点であった。そして、雨、祭、祇園祭、歌舞伎という意見が圧倒的に多く、地域や季節にかかわる身近な生活経験に根ざしたイメージに発展することが多いこともわかった。

○考　察

①　想像力

材料を用意する段階から、楽器製作、奏法の工夫、音探究、音楽づくりに至るまで、常に想像力を必要とした。前述の女子四人のグループは、楽器を思いつくままに鳴らしていた時に最初は「海の家で稼働する扇風機の音」

と感じ、そこから海の情景描写へと広がっていった。それは、今ある素材や音を、過去の経験と結びつけて、価値ある新しい音や音楽にしていく力である。

② **音に対する感性**

たとえば弦を爪弾く音色で、竹林の情景につながる「和風」を演出するなど、実在する音を真似るだけではなく何かを想像できる音をつくるという発想は、限られた種類の楽器や声で、情景描写から心理描写、歌詞や台詞の効果を高める伴奏までをこなす日本の伝統芸能全般に通じるものである。音や音色を、そのものだけでなく、イメージできるものを抽象化してとらえるところに感性を働かせていた。

③ **学　力**

「みんなとは違う音色を出そう」と自分にとって心地よい音、おもしろい音、価値ある音を求めて、意欲的に楽器製作や音探究をした（音楽への関心・意欲・態度）。物をつるす紐の長さを変えて音色に変化をつけたり、ずれて鳴るようにするなど素材や奏法を工夫し（音楽表現の創意工夫）、音楽づくりや演奏に生かしていった（音楽表現の技能）。表現領域において育成すべき学力を網羅している。

④ **コミュニケーション**

楽器製作の段階から、自分の楽器の音だけでなく常に友だちの音にも耳を傾けていた。友だちのアイデアを自分のものと照らし合わせて反芻し、互いが発展し、音楽へとつなげていった。CさんはDさんに「蝉役」といわれて、楽器の鳴らし方を扇ぐような振り方から水平に小刻みに振るように変えるなど、用いた言葉は少なく大部分が音によるコミュニケーションであった。このような非言語コミュニケーションが、音色の吟味と、イメージの抽象化と共有に有効に作用していった。

事例12 《水》中学校特別支援学級

横山真理

子どもは水で遊ぶことが大好きである。だから、水と遊びは切り離せない。手やものを洗う時も、水の流れる様子や音に五感で反応して没入してしまうことがよくある。音素材としての水は、単なる音ではなく、音と感触が一体となって身体に働きかけてくる。だから、子どもも五感で反応し水と遊ぶ。水はこのように、子どもにとって魅力的でワクワクする存在である。

この水を音楽づくりの素材として扱う。まず、手を使っていろいろな水の音を出したりペットボトルを使って水の音色に変化を加えたりして楽しむ。そして、いろいろな水の音色に注目させ、自分や他の生徒が出した音色について感じ取ったこと（音色の特徴、雰囲気、イメージ、好みなど）を言葉で表現できるようにする。そして、表現したいイメージに合わせて水の音色を構成し、音楽づくりを行う。この活動で、楽器づくりと音楽づくりは区別できず一体となって展開する。

○授業の概要

指導内容：音色

指導計画：全四時間

〔経験・分析〕　水と身近な道具を使っていろいろな水の音を鳴らしてみる。水の音色を組み合わせて、イメージのある音楽をつくり紹介する。いろいろな水の音色について、感じ取ったことを言葉で表す。

〔再経験〕　水の音色を工夫し、イメージのある音楽を協力してつくる。

〔評　価〕つくった音楽を演奏し、作品を振り返る。

○子どもたちの様子

(1)　音探究

①　衝動的な水遊び

生活の場である特別支援教室を授業の場所に選んだ。そうじや手洗いなど、水を扱う普段の生活行為と自然につながる学習環境にしたかったからである。自分で水を汲んでくるところからスタートし、どの生徒もバケツを室内に置くとすぐ水を触り始めた。授業者が室内にある雑貨を使ってもよいことを伝えると、ペットボトルやコップなどを選んで水の音を出すことに没頭し始めた。

②　音探究における反省

次に、自分が発見した水の音色についてワークシートに記述し交流した。

表1　生徒が記述したワークシートの内容と発言

	自分の音色の説明		音色について感じ取ったこと
生徒A	水際でペットボトルを手で押したり離したりした。	ゴボッゴボッゴボッ。すごい気持ちいい。ペットボトルの中ですごい水がはねる。すさまじい。お風呂の栓の音。激しい音が好き。	Bくんの音は自然な感じがするのでいいと思った。水はこんな音がするのかと思った。はじめは水に関心がなかったけど、水はこんな音が出てビックリだった。
生徒B	キャップをバケツに落とす(一回)。	チャポン。大胆にドボンという大きな音より小さい音の方が気持ちいい。やすらぎがある。自然な感じ。	静かな方が好きだけど、Aくんのように激しい音もいいと思った。バケツとペットボトルでいろんな音が出せる。ペットボトルのキャップでもいい音が出せる。

自分の音色についての説明だけでなく、他の生徒が出す音色を聴いた感想も出し合った。

そして、水の音色を使った音楽づくりを試みた。自分の行為により水の音色が変化することに気づかせたかったので、一人ひとりに音楽づくりのための場所と道具を確保した。生徒は、自分が表現したいイメージを三場面構成で考え、音色の出し方や組み合わせを工夫していた。その後で、互いにつくった音楽を鑑賞して感想を述べ合った。生徒が説明した表現イメージは次のような内容である。

表2　生徒が説明した表現イメージ

生徒A	悲しい雨の日。→雷が落ちる。→雨が止んだ。そして晴れた。
生徒B	石を投げて石切りをする。→石と石がぶつかり合う。→石が水に落ちる。

水と身近な道具を使って音を鳴らし音楽をつくる経験をした後で、授業者は「順番に水の音を鳴らしてしりとりのようにつなげてみよう。そして、どんな音色があったか、感じ取ったことを発言しよう」と問いかけ、水の音色リレーを行った。さらに授業者が鳴らす二種類の水の音色を比較聴取して感じ取ったことを発言した。

表3　水の音色リレーにより感じ取ったことについての生徒の発言

生徒A	やさしい感じのものもあれば、激しいのものもあった。チャポチャポしているものもあれば、ザザザザーっていうのもあった。
生徒C	美しい音色。

表4　比較聴取して感じ取ったことについての生徒の発言

	音色1	音色2
生徒A	川の淵のような感じ。	川の瀬のような感じ。
生徒C	連続。やさしい。	タン−タン−タン−タン。激しい。

(2) 音楽づくり

① 音に対するイメージの関連づけ

この段階から、全員で話し合ってテーマを決め音楽づくりを進めた。授業者が水の音色から連想したことを問うと「冬」「雪」「新年」などの言葉が出てきた。生徒が発言する断片的な言葉が一つのイメージになるように、授業者が生徒の言葉をつないでイメージやストーリーが生まれるように支えた。

② 曲の構成

音楽づくりのテーマは《冬》に決まり、場面ごとに分担して音楽をつくっていった。最後に、どんな気持ちや雰囲気を表現したいのか、どのように音の鳴らし方を工夫しているか説明し演奏した。

○考　察

生徒Aの表現を中心に考察した。

① 想像力

生徒Aはタオルやペットボトルなどの道具を場面に合わせて使い分け、音色の変化を確かめながら音楽づくりを進めていた。表現したいイメージがありそれに合う音色を探究する姿がそこにあった。探究の結果、タオル

表5　生徒が考えて説明した各場面の内容

	生徒A	生徒C	生徒A	生徒C
分担	第1場面 →	第2場面 →	第3場面 →	第4場面
場面の説明	雪が降った。川の冷たい水。	冷たい風が吹く。寒いけどもうすぐ新年だ。	川の流れがゆるやかになり海へ。雪がだんだん止む。	新年の花火。みんなで集まりごちそうを食べる。
表現したい気持ち	けわしさ。	冷たい風が吹くけど新年がくる。がんばろう。	けわしさから、ゆるやかな感じになる。	うれしい。

を水に浸して絞ることにより生まれる音色で「悲しい雨の日」を、ペットボトルを使った音色により「雷が落ちる」様子を、タオルを少しずつ絞って生まれる水滴の音色により「雨が止んだ」時の流れを、そして最後の「晴れた」場面ではCDによる光の反射を水面に映し視覚的に表現した。それは授業者の予想を超えた独創性のある音楽パフォーマンスだった。

このように、想像力の発揮により生活を背景にしたイメージを生み出し、そのイメージに合う音色を選び構成していく。そして、イメージを言葉で表すことにより、自分だけでなく他の生徒もそれが意識されるようになる。

② 音に対する感性

直接経験の段階では、水の感触や音を手で探りながら楽しむことに没頭する状況が自然に生まれた。生徒Aは何度も水をすくっては流れ落ちる感触や音を確かめていた。そのような生徒の様子から、自ら手を動かして水に働きかける行為は、自分の行為が音色を生み出しているという手応えをもたらしたのではないかと推察された。

また、手だけでなく身近な道具を使い音色をつくる活動により、工夫することでいろいろな音色を生み出すことができることへの気づきにつながった。生徒Aは、透明なペットボトルに水を出し入れしながら音色が激しく変化することに気づき、ペットボトルの中で水が泡立つ様子やその音色を目や耳で確かめていた。そして学習後の振り返りの時には「水はこんな音がするのかと思いました。はじめは水に関心がなかったけど、水はこんな音が出てビックリでした」とワークシートに記述していた。

水という素材を前に、子どもは自ら身体感覚器官をひらく。手を使って水に働きかけいろいろな音色を生み出し、音色の質感を感じ取る。そして、感じ取ったことを言葉で伝え、自分のイメージと音色を組み合わせて音楽として表現する。このような相互作用を通して、音に対する感性、感受の力が養われていくのではないだろうか。

③ 学力

生徒Aは、水の音色や音楽づくりに没頭し、他の生徒の表現にも気持ちを向けて感じ取ったことを進んで発言していた（関心・意欲・態度）。また、「すごい水がはねる」という視覚的な特徴の把握、「ゴボッゴボッゴボッ」という音色の知覚、「すさまじい」「すごい気持ちいい」という感受や感情の表現、「お風呂の栓の音」という生活を背景にしたイメージを記述していた。さらに、「やさしい」－「激しい」、「チャポチャポ」－「ザザザー」、「川の淵」－「川の瀬」のように、比較して考えるという思考の枠組みを使い、音色の違いについて感じ取ったことを伝えていた。《冬》をテーマにした音楽パフォーマンスの説明になると、生徒Aは第一場面では「けわしさ」を、第三場面では「けわしさからゆるやかな感じになる」様子を表現したいと説明した。この説明により、はじめて生徒Aが手の動作を意識的に使い分けて生み出そうとした意図が伝わってきた。それは、水の音色に埋め込まれた生徒Aならではの表現イメージだった（音楽表現の創意工夫）。音楽づくりでは、生徒Aは手の動作（片手と両手、動作方向、速度）を意図的に変化させ道具を選択しながら音色を変化させたり組み合わせたりして、独創的な音楽パフォーマンスを生み出した（音楽表現の技能）。

④ コミュニケーション

「Bくんの音は自然な感じがするのでいいと思った」「静かな方が好きだけど、Aくんのように激しい音もいいと思った」の記述からわかるように、生徒らは互いの表現に注目し、感じたことを言葉にすることでお互いの存在を認め合う関係をつくろうとしていた。

水の音色リレーの場面では、互いに音を鳴らす様子を目や耳で確かめながら模倣したり逆に違う音色を出そうとしたりしていた。生徒たちの輪の中でいろいろな音色が生まれ、感じ取ったことが交流された。このように、言葉以上に水の音を鳴らすという音楽的な状況そのものが、生徒同士のコミュニケーションを深めていく。

二回目の音楽づくりでは、話し合いによりテーマを決め場面ごとに役割分担をした。個々の音楽表現を一つの流れとしてつないでいくことにより、互いの表現を意識し、よく聴いて待っていたり、他の生徒の表現の終わりを感じ取って自分の表現を始めようとしたりしていた。このように、話し合いという言語活動だけでなく音楽表現活動そのものが生徒同士のコミュニケーションを持続させた。

第3章

「構成活動」としての楽器づくりから見えてくるもの

1　楽器づくりにおける音楽科の学力

衛藤晶子

(1)　学力とは何か

学力とは、学校の教科学習によって育成されるもので、知識理解・技能など量的に測定できる能力と、関心・意欲・態度や思考・判断・表現・感性など、量的に測定できない能力を指す[(1)]。岸本は学力全体を氷山に喩え、量的に測定できる能力（見える学力）の土台には測定できない能力（見えない学力）があり見えている部分は全体のほんの一部であるとする。見える学力を伸ばすには、それを支える見えない学力をゆたかに育てる必要があるという[(2)]。つまり、知識理解・技能を伸ばすには、その土台である関心・意欲・態度や思考力・判断力・表現力の育成がかかせないのである。このような学力は「生きる力」として、これからの変化の激しい社会を生き抜くためにも、また人間形成の上からも重要なのである。

(2)　音楽科で育てる学力

では、音楽科の学力とは何なのであろうか。これまで音楽科では演奏の技能面を重視しがちであったが、これは見える学力といわれるものである。音楽科においても見えない学力を確実に育てることが求められる。それは、音や音楽を知覚・感受して思考する力である。このことは、学習指導要領にも「音や音楽を知覚し、そのよさや特質を感じ取り、思考・判断する力」[(3)]と明示されている。この知覚・感受があってはじめてイメージがもて、表現の工夫ができるのである。そして、この表現の工夫をいろいろ考えるのが思考・判断であり、イメージに照らし合わせながら楽器の仕組みを知って、奏法を身につけていくことが知識・技能にあたる。

(3) 楽器づくりで育つ音楽科の学力

それでは、楽器づくりにおいて音楽科の学力は育てられるのであろうか。

楽器づくりでは、まず素材と十分にかかわり、音との相互作用をくり返す。そこでは、微細な音色の違いに耳を傾け、音色の変化を楽しむ姿が見られる。それは、音に関心をもち、音色を探究しようと意欲的に活動している姿であり、音色の違いを知覚し、その音色が生み出す特質を感受している姿である。

事例10《竹》では、竹にスリットを入れてバリンビンを製作した子どもが「シャラシャラと細やかな音」をしていることに気づく。「変な音になった」と同じグループの友だちに伝える。これまで自分が考えていた竹の音とは違う音がするとバリンビンの音色を知覚したのである。聴かされた友だちは「竹とは思えん音がする」と共感し、「チーズを削るやつ」だと感受を発言している。

「変な音」「竹とは思えん音」というのは、自分がこれまで経験してきたことを想起しているのである。経験してきたことと目の前の音とを比べることで、「この音は何の音だろうか」と思考する。そして、「チーズを削るやつ」とこれも自分の経験から想起した音のイメージと照らし合わせて発言がされている。

音を構成する音楽づくりにおいても、思考・判断する力は発揮される。

事例8《水》では、「雨が降っている」イメージを表すために、お玉の水をビニールに落とした時の音色では納得がいかず、ペットボトルから水を落としてはどうかと提案する。勢いよく注ぐ音を聴いたグループの友だちが「少しずつチョロ〜ってやるようにしないと」と助言する。ペットボトルに入れる水の量を調節したり、水を落とす高さを変えてみたりしながら、「雨が降っている」イメージに合う音色を探究する。何度も試行錯誤をくり返すうち、ペットボトルのふたを伝わせて注いだ時の音色がぴったりだということを発見する。「雨が降っている」イメージを表したいという明確な意図があることで、どのような音色がぴったりなのかという探究が行われる。イメージが核となり、それを表すために表現の工夫のための試行錯誤が行われるのである。それは、イメージに合う音はどんな音なのかという問いをもって、水の量、水を落とす高さを調節し、どれがぴったりくるのかと思考し、最終的にペットボトルのふたを伝わせるのがよいと判断している姿である。

このように、楽器づくりにおいては音楽科の学力の中核である知覚・感受する力が存分に発揮され、思考・判断する力が養われていくのである。

(4) 楽器づくりで発揮される学力

では、楽器づくりで育つ学力とこれまで行われてきた創作の学習で育つ学力とは同じなのであろうか。従来の創作活動では、音楽をつくることがねらいとなり、音を構成して音楽をつくる力、つくった作品を演奏する力が重視される傾向にあったのではないか。

構成活動としての楽器づくりでは、イメージを核として音楽づくりが行われる。このイメージする力、そこから発想を広げる力、音を構成する力、友だちと協働してつくり上げる力など、楽器づくりでは従来の創作活動では見えにくかった力が発揮される。

事例2《紙太鼓》を例に見てみる。「ゾウとネコがリレーをして遊ぶ」イメージを表すために、ネコの走る音を軽やかにすばやく小さな音で叩き、ゾウの走る音をゆっくりと重たい音で叩いている。ネコの様子を思い浮かべ、ササッと身軽に走る様子をイメージすることで、「軽やかにすばやく小さく叩く」という表現の工夫がなされ、それを実現するための技能が発揮される。イメージがなければ、表現の工夫は生まれてこないのである。

二人が同時に叩いているうちに「リレーでバトンを受け取る」とイメージが分節化される。すると、走る順番が必要となり、ゾウが先に走って、ネコが次に走るという場面が生まれる。「音が消えたところにネコが入る」というタイミングを図るが、納得いく演奏とならない。そこで、「五回叩いたらネコが入る」「ゾウがゆっくり一〇回、ネコがタタタタタタタと一〇回」というように構成を意識した演奏になっていく。これは協働で作業することによってイメージが詳細になり、五回叩くとネコが走っている音が入り、ゾウを表す音がテンポを遅くして一〇回入るという形式が生み出されているのである。

これまでの創作では、リズムパターンを何回くり返す、それに異なるリズムパターンをつないでみるというように形式から始められることが多かった。それでは、形ができたらおしまいになってしまう。イメージに合うように音との相互作用をくり返すことで、イメージが詳細になり、イメージが詳細になるからこそ、そこに形式が生まれ、強弱や速度といった表現の工夫につながっていくのである。

(5) 楽器づくりを推進するエネルギー

構成活動としての楽器づくりでは、なぜこのような力が育つのであろうか。それは、音に対する関心、音を探究しようとする意欲が根底にあるからと考えられる。

事例3《空き缶》では、子どもたちが空き缶をもってきた時には二つの空き缶をつなげる、中に木の実や砂を入れて振って音が出るようにするなど工夫を凝らしている。これは、音を鳴らしたい、何か工夫して音を出してみようという意欲の表れである。

事例5《こする音》では、子どもたちがそれぞれ持参した身近なものをこすって音を出すという行為に没頭し、夢中で音を出している姿が見られる。そして、鍵盤ハーモニカのホースを分度器でこすった時と定規でこすった時に出る音が違うことに気づく。さらにもってきたもの以外にも教室にあるものをこすって音色の違いを聴き分けようとする。

楽器づくりでは、まず空き缶を鳴らす、自分のもちものである文房具で音を出すという身近でなじみのあるものから出る音だからこそ、「次はどんな音がするか」「こっちを鳴らしてみたらどうだろう」「こんな鳴らし方を試してみよう」と意欲的に音色を探究する姿が見られるのである。これは、活動を支えるエネルギーとなって子どもたちの活動を推進していく。「鳴らしたい」という衝動性から始まる楽器づくりだからこそ見られる姿である。

(6) 音へのかかわり方

構成活動としての楽器づくりでは、以上述べてきた音楽科の学力を支えるものとして、音へのかかわり方そのものをつくっていく点が注目される。

構成活動としての楽器づくりでは、五感を使って音へかかわる。事例8、12《水》では、素材そのものを手ですくったり、水面を叩いたりして、触感を楽しみながら音探究をしている。事例7《竹ぼら》では、「身体が音に合わせて揺れる地響きみたいな感じ」の音がする、「なんか耳がボワンボワンとしてきた」というように身体全体を使って音を感じ取っている。このように、身体の感覚すべてを使って音にかかわり、出された音を全感覚を開いて受け止めようとする姿が見られる。

また、どの事例にも見られるように、思い浮かんだイメージと音楽を交互に刺激し合い、新たなイメージと音楽をつくり出していく。かかわることによって、イメージである内と外に生み出される音楽が変容していく。子どもたちはそれにおもしろさを見いだし、さらにかかわろうとするのである。その営みの中から既存の楽器をなぞるのではなく、それらを超える創造的な楽器が生み出されている。事例11《団扇》では、下座《げざ》音楽で用いられる「雨団扇」のような素材をつるすだけの楽器をはるかに超えた、さまざまなタイプの体鳴楽器、膜鳴楽器、弦鳴楽器が生み出されている。

このように構成活動としての楽器づくりは、音がどう鳴り響くかを確かめながら、音へのかかわり方自体をつくっていく営みになる。そのことが新しい文化をつくっていくことにつながるのではないだろうか。

(7) 「生きる力」を育成する楽器づくり

では、構成活動としての楽器づくりで育つ学力とはどのような力となるのであろうか。衝動を活動を支えるエネルギーに転換し、思考・判断をくり返しながら、音・音楽を探究する力は、音楽科の学力にとどまるものではない。これはまさしく「生きる力」である。

事例12《水》では、水に関心がなかった子どもが、水の感触や水に働きかける行為を通して「水はこんな音がしてビックリした」と感想を書いている。事例1《ペットボトル・マラカス》では、友だちが鳴らした音を自分も鳴らしてみたいとペットボトルの中身をいろいろ試してみる姿が見られる。これは、ものや人といった自分の外にあるものとかかわろうとする力である。このかかわろうとする力がなければ、社会性は育たない。事例11《団扇》では、ゴム紐に通した玉を団扇表面に打ちつけて打ち上げ花火の様子を表そうとしていた。それを黙って真似をするように楽器を振っていたグループの一人が「ヒューッ」と花火が打ち上がる音を探すように音を試している。友だちの様子を見ながら、イメージを共有しそれに合う音を探究している様子に、人の考えを尊重し、人とともに協調していこうとする力が育まれている姿を見ることができる。

2　楽器づくりと共感的コミュニケーション

兼平佳枝

(1)　コミュニケーション能力の育成と共感

学校において集団で学ぶ意義は、他者とのコミュニケーションを通して学習活動が展開されていく点にあるといっても過言ではない。文部科学省が設置したコミュニケーション教育推進会議においては、コミュニケーション能力を「いろいろな価値観や背景をもつ人々による集団において、相互関係を深め、共感しながら、人間関係やチームワークを形成し、正解のない課題や経験したことのない問題について、対話をして情報を共有し、自ら深く考え、相互に考えを伝え、深め合いつつ、合意形成・課題解決する能力」と定義している(1)。一方、平成二〇年に改訂された学習指導要領音楽編においても、各学年の表現及び鑑賞の指導にあたっては、「生徒が自己のイメージや思いを伝え合ったり、他者の意図に共感したりできるようにするなどコミュニケーションを図る指導を工夫すること。」とある(2)。このように、二十一世紀を生きていく子どもたちにとって、コミュニケーション能力の育成は喫緊の課題なのである。しかも、そこでのキーワードとなっているのは「共感」である。コミュニケーション能力の育成に密接にかかわると考えられる「共感」は、まさにこれからの時代に求められるものであろ。そして、授業において子ども間のコミュニケーションを実現していくことが、コミュニケーション能力の育成に直結していくといえよう。

(2) 共感的コミュニケーション

そもそも、コミュニケーションとは何か。J・デューイによると、コミュニケーションは、人々が共通の目的の実現のため、協力して意味を共有していく経験の共有過程のことをいう(3)。

楽器づくりにおいてはもちろん、音楽授業において子どもが生成する意味とは、音や音楽に対して知覚・感受したことから生じる。たとえば、事例5《こする音》であれば、ある子どもが、貝殻の溝をこすり合わせた時の「シャリシャリ」「ジャジャジャ」のような音が、「セミみたい」「カエルみたい」と述べている。貝殻の溝をこすり合わせた音はセミやカエルの鳴き声そのものではないが、その子は貝殻の溝をこすり合わせた音からセミやカエルが鳴いているような情景を想起し、そこに漂う質を感じ取っているのである。本来、質は感じられるものであり、言葉では表せないものである(4)がゆえに、子どもはよくこのように「○○みたい」のような言い方をするのである。これが、その子にとっての貝殻の溝をこすり合わせた音に対して知覚・感受したことから生じた意味である。

このように、聴こえた音を擬音語で表したり、そこで感じ取った質を「○○みたい」のように言語で表したり、時には身体の動き等で表したりすることによって、質ははじめて他者と共有することができるものとして浮かび上がってくる。つまり、音や音楽を知覚したことから感じ取った質を言語化したり、身体の動きで表したりすることによって、その子の音に対する意味を他者と共有できるようになるのである。近年、音楽授業においても言語活動が重要視されているのは、このような音楽の特性からくるものである。

また、楽器づくりの場合は、ペアまたは三〜四人一組のグループで、互いのお気に入りの音を関連づけてテーマを決め、そのテーマに合うように曲の構成を工夫していく学習活動が展開される。つまり、ここでは、「お気に入りの音を関連づけてテーマを決める」「テーマに合うように曲の構成を工夫する」という目的が共有されることになる。コミュニケーションは、このように共有された目的の実現に向けて生じるのである。

さらに、他者と意味を共有するためには、他者が想像しているであろう情景や感情を想像し、そこでの雰囲気や感じをあたかも自分の事のように感じ取ることによって、はじめて意味が共有されるのである。それが共感である。共感は、他者の経験の再生を行うことを通して、他者と意味を共有することである。つまり、他者と意味を共有するというコミュニケーションにとって、共感は不可欠なのである。加えて、共感には自分自身の十分な感情的経験と他者への積極的な興味が必要とされている[5]。

共感的コミュニケーションが起こると、グループ内や教室に満足感や充実感が満ちあふれる。それは、お互いをわかり合えたという満足感や充実感である。このように、他者と意味を共有することで自分の世界が広がったという実感や、自分の意見が他者に共感してもらえてクラスの話し合いの中で役に立っているという実感をもつことで、子どもの自尊感情が育まれていくとなると考えられる。そして、自分の考えが他者から受け入れられ、認められるという安心感を生むことは、クラス全体の支持的風土を育み、学習集団としての向上にもつながるであろう[6]。

(3) 楽器づくりの事例に見る共感的コミュニケーション

では、このような共感的コミュニケーションが、楽器づくりにおいては具体的にどのように見られるか、事例から見ていく。

事例10の《竹》では、班での音探究において、互いの音色を関連づけている場面で、共感的コミュニケーションが見られる。竹でどのような音が出せるのか、音探しをしている際、男子Kは自分のバリンビンのシャラシャラとした細やかな音の特徴的な音色に良さを感じた。彼は、まず隣に座る男子Oに「聞いて！　変な音になったで」と伝えると、興味深そうに男子Oがバリンビンに耳を寄せて男子Kの演奏を聴き、笑顔で「ほんまや！　竹とは思えん音がする」「なんていうの、あれっぽい。料理の時の。こすってるやつ」と発言している。ここでは、おもしろい音を探し、それらを関連づけて音楽作品をつくるという共通の目的の下、活動が行われている。

男子Kは自分の鳴らした音のおもしろさが作品づくりの手がかりになるかもしれないと思い、それを友だちに聴いてもらいたかった。また、男子Oもそれを聴くことで、作品づくりのきっかけになるかもしれないと思った。ここに、互いの他者への積極的な興味が見られる。さらに、よく聴いてみると男子Kのいうとおり、本当に竹から出るとは思えない音がした。そして、そのおもしろい音から自分の過去の経験における料理の時におろし金で何かをすりおろしている情景が想起され、そこに漂う質を感じ、それを言語化した。言語化することにより、男子Kの鳴らすバリンビンのシャラシャラという音色とその質（料理の時に何かをすっているような感じ）が浮かび上がったのである。

さらに、そのやりとりを聞いていた女子Tが「チーズとか削るやつでしょう?」と間に入る。女子Tも同じ班内で彼らと目的を共有しながら、この男子二名のやりとりを聞いていた。彼女は、男子Kの鳴らすバリンビンのおもしろい音と、それを聴いた「料理の時の。こすってるやつ」という男子Oの意見が、作品づくりの手がかりになるかもしれないと興味をもって二人のやり取りを聞いた。そこで、男子Oの「なんていうの、あれっぽい。料理の時の。すってるやつ」という発言から、男子Oが想像しているであろう料理の情景を想起し、そこに漂う何か（チーズ）をすっているような感じの質を共有した。これは、女子Tが、男子Oが想像しているであろう料理の時に何かを削っている情景を想像し、そこで男子Kのバリンビンの音とチーズを削るときの感じの質を結びつけ、男子Oが感じているであろう質を共有していると解釈できる。つまり、女子Tは男子Oの経験を再生することで意味を共有しているのである。そして、女子Tの発言を聞いた男子Kと男子Oは、よくぞわかってくれたといわんばかりに、「そうだそうだ！」と納得している。

さらに、バリンビンを製作した男子Kが、そのシャラシャラという音を鳴らすことに夢中になっていると、それを見ていた同じ班の男子Gがその音の鳴らされる速度が速くなっているのを聴いて「何あせっとんねん」とおもしろがって話しかけた。すると、男子Kがわざと高い声で「だってぇ！　わたくしはいそいでチーズをね、チーズを削ってパスタを完成させないと駄目なのよぉ！」と芝居するフリをして、周りの子どもたちを笑わせていたという。このような男子Kの行動から、この班の作品のテーマは「チーズ&パルメザン」に決まり、ホテルの料理人がチーズを削っている様子を表現し、それ以外の楽器によってそのチーズを削っている人物が、調理時間がなくなりだんだん焦っていく気持ちを、全員の楽器を演奏する速度をじょじょに速めたり遅らせたりするなどして表現していったという。

ここでは、男子Kの鳴らすバリンビンの速度がどんどん速くなっていくのを聴いた男子Gが、そこから焦っているような質を感じ、それを言語化した。一方、男子Kはそこで「焦っている」といわれたことで、チーズを焦って削りパスタを完成させようとしているホテルの料理人の状況を想起した。そして、言語だけではなく、芝居をするフリをするというように、身体の動きを伴わせることによって、その質を浮かび上がらせたのである。これにより、班員全員が男子Kの経験を再生し、そこで料理人が焦ってパスタを完成させようとしているという状況に漂う質を共有し、女子Tによるチーズを削っているというイメージと、男子Kの料理人が焦ってパスタを完成させようとしているというイメージとを関連づけることが可能となった。

このように、班で一つの作品を完成させていくという目的の実現に向けて、音との相互作用において感じ取っていた質が、言語や身体の動き等を通して浮かび上がり、イメージを共有していくという一連の過程において共感的コミュニケーションが見られるのである。

(4) 楽器づくりにおいて共感的コミュニケーションを可能にするもの

楽器づくりの授業では、先の(3)の事例で挙げたように、子ども間で共感的コミュニケーションが頻繁に見られるのが特徴的である。では、なぜ楽器づくりの授業ではこのような共感的コミュニケーションが起こりやすいのであろうか。

まず、生活経験における質がコミュニケーションにおいて共有する意味の中心となっている点が挙げられる。楽器づくりでは、音探究において素材との相互作用を行う際、その素材をどのように扱うとどのような音がするか、また、それはどのような感じやイメージがするかという知覚・感受を十分に行う。子どもは、過去の経験からイメージを描くため[7]、そこでの感受には、生活経験が色濃く反映される。たとえば、お母さんが料理をつくる様子、家族旅行で見た風景、友だちとの楽しい遊び、別れと出会い、喜びと不安が錯綜する春への思い、除夜の鐘の音等、子どもにとっての日常的な光景はもちろん、日本の季節感あふれる情景や感情、日本文化を象徴するような情景が、子どもにとって価値あるものとして想起され、選択されることが多い。これは、日本語を母語とし、日本の風土や自然を背景とした日本人の生活習慣、文化を基盤にしていることに起因する。楽器づくりではこのような生活経験において感じられる質が、互いに共有する意味の中心となっているため、他者の経験を再生することが比較的容易となるのではないだろうか。

さらに、楽器づくりにおいては、このような生活経験の質の共有を土台にして、自分たちの表現したいテーマを実現するために「どのように互いの音を関連づけていくか」「さらにテーマに近づくようにするには、どのように工夫したらよいか」ということが共通の問題となり、それを共同で解決する必然性が生じる。つまり、土台を共有しているので、問題の解決が共通の目的となりやすいのである。そのために、お互いに協力してテーマと各自の音を関連づけ、よりテーマに近づくような作品をつくろうとする。そのために他者の経験の再生を行う必要が生じるのである。共感的コミュニケーションは、社会的な状況における問題解決のプロセスともいえよう。

このように、楽器づくりにおいて共感的コミュニケーションが起こりやすい要因としては、（ア）生活経験における質が共有しようとする意味の中心となっていること、（イ）それゆえに問題の解決が共通の目的となりやすいことの二点が考えられる。これらを(3)で取り上げた事例でいうなら、前者（ア）のお互いに共有する意味の中心となっているのは、「料理人が焦ってチーズを削りパスタを完成させようとしている」状況に感じられる質である。他方、後者（イ）の共通の目的となる解決すべき共通問題は、「料理人が焦ってチーズを削りパスタを完成させようとしている」状況の質を実現するために、どのように工夫して演奏するか、ということとなる。つまり、共有しようとする意味が質であり、その実現のためにどのように演奏するかということが目的達成のための手段となるのである。したがって、この両者（ア）（イ）は、質を共通項として目的-手段の関係性にあるため、それぞれが単独で機能するのではなく連動するのである。それゆえに、楽器づくりにおいては共感的コミュニケーションが生じやすいと考えられる。

3　楽器づくりにおける感性の覚醒と日本の音文化

清村百合子

本書では構成活動としての楽器づくりの授業を展開している。既成の楽器を製作する楽器づくりとは異なり、構成活動としての楽器づくりではイメージを軸に、音探究＝楽器づくり＝音楽づくりと発展していく姿が見られる。これらの発展を支えるものとして「擬音語」の存在がある。ここでは擬音語の働きに着目することを通して、子どもの音に対する感性がどう覚醒されていくのか明らかにする。

(1) 擬音語を生み出す基盤としての身体感覚

擬音語・擬態語は聴覚や視覚、触覚など、人間のあらゆる感覚器官に根ざした感性の言葉である。つまり擬音語が生まれてくる前提には「見る」「聴く」「触れる」「味わう」など身体感覚を働かせた経験が必要となる。

楽器づくりの授業では、これら身体感覚を鋭敏に働かせた経験の場が十分に確保されていることが特徴である。聴覚だけでなく、視覚、触覚、あるいは振動などの身体感覚など、あらゆる感覚器官を働かせて音探究が行われている。

事例2の《紙太鼓》では紙の素材を変えることによって音が変わることを発見する。友だちに紙をピンと張ってもらい、バチで叩き、限りなく紙に耳を近づけてその音を確かめる。これまでにない「パン！　パン！」という張りのある音が出ると、目を輝かせ「わあ、布団たたきみたいや」とつぶやく。また事例6の《一弦箱》では輪ゴムを箱に引っかけてそれを指で弾くことによって非常に繊細な響きが生まれる。繊細な響きにもかかわらず、弾く場所を変えることによって音の高さが変わることを発見し、柱を自在に動かし、その変化を楽しむ。柱をずらしていくことで「ティンティンティン」とじょじょに音高が上がっていくことを発見した子どもは何度もその行為をくり返す。

さらには視覚や触覚など、聴覚だけでなくあらゆる感覚器官を働かせて音色をとらえようとする姿も見られた。事例4の《つるしたものの音》では、ボウルや植木鉢などを棒につるし、順番に叩いて音を鳴らしていく。「つるす」という特性によって、素材を叩くことで「ボワワ～ン」という持続的な響きが生じる。ある子どもはその持続的な響きに合わせて身体をくねらし、余韻を身体全体でとらえていた。事例7の《竹ぼら》は太い竹筒に息を吹き込むことで、ほら貝のように重低音のある響きが生まれる。「音がいっぱい鳴っていると迫力がある」や「耳がボワンボワンとしてきた」など、全身に響きわたる振動を通して竹ぼらの音色を味わっていることがわかる。事例8、12の《水》では水の感触そのものを味わいながら素材とかかわる姿が見られた。ぺちゃぺちゃと水をはじくことでしぶきが跳ね上がってくる楽しさを味わっているかと思えば、水をすくってたらした時のトロッとした感触に夢中になる。水という素材は変幻自在に形を変えることができ、さまざまな質感を我々に提供する。そうした質感をあらゆる感覚器官を通して感じ取っている。

このように楽器づくりの授業では、まずは素材との相互作用の時間が十分に確保されており、この経験がその後の表現活動の基盤となっている。その時子どもたちは聴覚だけでなく、視覚や触感などあらゆる身体感覚を働かせて素材とかかわっている。

加えて、素材と能動的にかかわっている点がポイントとなる。「音を変えるためにわざと柱をずらしてみる」「より張りのある音を出すために紙を強く引っ張る」「手をパタパタして水しぶきをあげる」……などこれらの行為に共通していることは、自分から素材に働きかけ、「こうしたらどうなるか」という行為をくり返し、その結果としての音の響きを楽しんでいる点にある。「ずらす」「引っ張る」「水しぶきをあげる」という行為は学習者主体の能動的な行為である。そこで出てきた音はそうした能動的な行為によって学習者自らが発見した音といえる。既成の楽器にはない、自分が発見した唯一無二の音だからこそ、その音を人に聴いてほしくなる。その微妙な音色の質感を人に伝えたくなる。ここに他者とのコミュニケーションが生じる。互いの楽器に限りなく耳を近づけ、なんとか音を聴きとろうとしたり、おもしろい音でしょ、といわんばかりに擬音語でその音色の質感を伝え合ったりする。

このように楽器づくりの授業では、まず素材と十分相互作用する場が確保され、そこで学習者主体の能動的な行為が行われる。能動的にかかわるからこそ、一つひとつの音色に愛着が生まれ、自分にとっての価値が見いだされる。さらに人に伝えたいという欲求が芽生え、その欲求を満たすために擬音語が活用される。

(2) 微妙な質の違いを伝える擬音語

擬音語・擬態語は非常に微妙な意味合いやニュアンスを伝えることができる[1]。「カタカタ揺れる」と「ガタガタ揺れる」からその揺れ方の違いを感じ取ることは容易である。「カタカタ」はさわやかな夜風の影響で格子戸が揺れている程度のようであり、「ガタガタ」は台風の夜未明に雨戸が激しく揺れているぐらいの大きさがイメージできる。このように濁点の有無によって随分伝わるイメージは異なる、つまり擬音語は微妙な質の違いやそれに伴うイメージを伝えることができる。特に音色のように、それぞれが微妙に異なる質感をもっているときには擬音語が有効に機能する。

自分が発見した唯一無二の音を紹介するために子どもは擬音語そのものにもこだわりをもつ。事例6の《一弦箱》では「ポワンポワァンポワァーン」と最後を少し余韻をもたせるように表している。最後の「ポワァーン」と伸ばすところにこの子の思いが込められている。

また「水」というたった一つの素材から実に多様な擬音語が生み出されていることも興味深い。水を素材とした事例8と事例12では実に豊かな擬音語の表現が見られる。「ピチョン」「シュワシュワ」「ピチャピチャ」「パチャパチャ」「ドボドボ」「ブクブク」「チョロ～」「ゴボッゴボッ」「チャポン」「チャポチャポ」「ザザザザー」。ここでは「ポチャン」ではなく「チャポン」なのである。「ピチャピチャ」と「パチャパチャ」ではその質感は異なるのである。これらはすべて自分の身体感覚が拠り所となっている。水を触った時の感触やペットボトルを沈めて泡が出てくる様子を観察した実体験が基盤となっているため、画一的でない、実に個性的な擬音語が生み出されている。

一方、「つるす」「こする」「吹く」というそれぞれの楽器の奏法がもつ特質についても、擬音語を使えば絶妙に表すことができる。事例5の《こする音》では「ギュギュギュ」や「ジュルジュル」など、こすることで生じる摩擦音特有の響きが絶妙に表されている。事例7の《竹ぼら》では地に響く法螺の重低音を「ボー」「ブゥゥゥ〜」という擬音語で表現し、言葉では伝えきれない部分については字体の表記を変えることまでして音色の質感を表そうとしている。

なぜ楽器づくりではここまで多様な擬音語が見られるのか。それはすべて自分の身体感覚を拠り所として音色の質感がとらえられているためである。そもそも擬音語は人間の感覚器官に由来する感性の言葉であるとしたが、楽器づくりの場合は特に感覚器官を通した経験と擬音語での表現とが直接つながっている。水遊びをした遠い過去の記憶を呼び起こす必要はなく、今まさに自分で水を触った、この感触を拠り所にして、ほかの誰にも表現できない独自の擬音語を生み出している。自分の生きた感覚の伴った、独特な擬音語によって音色の質感は伝えられる。したがって「ピチャピチャ」「パチャパチャ」など微妙に異なる言語表現が出てくるのは当然のことといえよう。

(3) 擬音語からイメージ、そして表現へ

楽器づくりの授業では、身体感覚を通して音色を把握し、それを擬音語で表し、さらに各々の音色を生かして音楽表現へと構成していく。この時音やそれを表す擬音語に意味をもたらすのがイメージである。

ここで音・擬音語・イメージの関係を明らかにしておく。擬音語自体、感覚や身体運動を「運動」あるいは

「動き」という次元で表現する特性をもっており、それゆえ擬音語はイメージや人間の情動を呼び覚ます力を合わせもっているとされている(2)。つまり音の響きそのものからもちろんイメージはもたらされるが、ある特定の音が擬音語で表されることで、ほかの音から際立って区別され、さらに具体的なイメージに結びつくといえよう。

事例8の《水》では「このブクブク（空のペットボトルを沈めた時の音色）を生かせない？」という発言から「ブクブク」という音は「カエルが池に潜っていく」イメージへと発展した。ここではペットボトルを水に沈めた時の音色が「ブクブク」という擬音語で表され、それによってほかの音色とは際立って区別され、グループで共有化がなされた。音色が共有されたことで「カエルが池に潜っていく」というイメージが生成され、表現を構成する手がかりとなるテーマがもたらされた。このように音色に擬音語が付与されることで、より具体的なイメージが喚起されるといえよう。

一方、音色に擬音語が伴うことで情動が喚起され、作品全体にまとまりが生まれるという事例もあった。事例6の《一弦箱》では最初「ホワァンホワァン」という響きだったのが、少しゴムがゆるんだことによって「ボァーンボァーン」という響きへと変化した。少し低めに響く音を聴いた子どもたちは思わず「なんか、怖い」とつぶやき、「お化け屋敷に入る前の恐怖感」を想起するようになる。「お化け屋敷」という全体的なイメージがもたれるようになると、同じグループの他の音もすべて「お化け屋敷」に関連づけて構成するようになる。「ジャカジャカジャカ」という音色は当初「砂利道を石を蹴りながら歩く様子」だったのが、「お化け屋敷」というイメージがもたらされてからは「お化けに遭遇して怖くて走って逃げている様子」というイメージに変化している。そしてグループ全体として、お化け屋敷に入り、お化けに遭遇し、走って逃げて最後には出口を見つけてホッとする、というストーリーを音を通して表現した。

音色自体が意味をもったものになるためには音色に対する何らかの意味づけが必要となる。その意味づけをする役目がイメージである。「ブクブク」「ボァーンボァーン」という響きが意味をもった瞬間は「カエルが池に潜っていくみたい」「なんか、怖い」「お化け屋敷みたい」というつぶやきが伴った時である。これらのイメージがグループで共有されたため、「ボァーンボァーン」という響きは「お化け屋敷に入る前の恐怖感」という意味をもった音色として定着したのである。

このように身体感覚を通して把握された音色の質感を擬音語で表すことでほかの音色とは違うものとして識別され、さらにそこにイメージが伴うことで意味をもった音色として表現されることとなる。

(4) 楽器づくりにおける感性の覚醒と日本の音文化

以上、楽器づくりに見る擬音語の働きに着目してきたが、最後にこれらの姿より、楽器づくりにおける子どもの音に対する感性と日本の音文化との関係について述べる。

感性とは五感を通して「ほかとは違う何か」を感じ取る能力であり、自分にとって価値あるものを見いだす力でもある。楽器づくりにおいて感性を働かせた経験は、自ずと日本の伝統音楽に対する感性の覚醒につながると考える。

楽器づくりの授業の基盤には感覚器官を働かせた音との相互作用の場がある。そこで子どもたちはさまざまに音色の質感を感じ取っている。「シャカシャカ」「ボワーン」「ティンティンティン」など一つとして同じ響きのない、音に対する繊細なかかわり方が見られる。日本人は音色に対してストイックな感覚をもち、好みのこまやかさを兼ね備えているといわれている(3)。箏の絃を一つ弾くだけでも実にさまざまな音色を生み出す技をもっている。一弦箱の輪ゴム一本からさまざまな音色を生み出そうとする子どもたちの姿からは音色に対するこだわりが見受けられる。

楽器づくりの授業ではお気に入りの音を擬音語にする場が設定されている。擬音語にする時点で自分にとって価値ある音色をほかの音色から識別するという感性が働いているといえる。「ポワンポワァンポワァーン」と最後を少し余韻をもたせた言い方にこだわりをもった子どもは、この「余韻」に価値を見いだしているといえよう。「余韻」や「間」によさを感じ取る感性こそ、日本の伝統音楽への理解につながるものではないだろうか。

また作品を構成していく段階では、音色に対するイメージを軸に互いの音を意味をもって関連づけ、一つのまとまりをもった作品へと再構成していく姿が見られた。そこで表現される世界は「お化け屋敷」「花火」「竹林」「雨」など日本の風土や自然、生活が反映されたものであり、雨一つとってもさまざまな音色で雨を表現する姿が見られた。太鼓の打ち方の強弱によって大雨や小雨を打ち分ける黒御簾音楽のように、一つの楽器からさまざまな情景を表現する姿がそこにはあった。

このように楽器づくりの授業では、子どもたちは音色に一途に向き合い、音色に対して繊細なかかわりをもつ。さらに音色に自分なりの価値を見いだし、イメージをもって意味づけをしていく。情報があふれ、雑多な騒音に囲まれた現代に生きる子どもたちでさえも、このような環境さえ与えられれば、音色に対してここまで真摯に向き合い、微細な違いを感じ取ることができるのである。そしてこうした楽器づくりの経験は、日本の伝統音楽で表現されている繊細な音の世界を感じ取ることのできる感性を育むことにつながるのではないだろうか。

4　楽器づくりにおける想像力

小島律子

実践事例から、楽器づくりに見られる想像力の特性として、想像力が行為（action）として現実化され、身体感覚の脈絡をつくっていくということが浮かび上がってきた。

それはどういうことか。楽器づくりでは、身体を使って素材に働きかけるのだが、身体で働きかけたら素材がどうなるか、という関係がきわめて直接的であり、働きかけられた素材は音（聴覚のもの）だけでなく形状（視覚・触覚のもの）も含めて新しい質を見せてくる。その点、音楽の他の構成活動と異なる点である。つまり、楽器づくりでは、身体全体を使って素材に働きかけ、身体感覚全体で働きかけられた結果を受けるという関係がはっきりしている。このことが、楽器づくりを、操作と結果の関係が間接的、記号的であるヴァーチャルな仮想世界の対極に置く。

では、楽器づくりにおいて身体感覚の脈絡がどのようにつくられていくのかそのプロセスをたどってみたい。

(1)　音に対する意味づけの場面

音探究では、事例1《ペットボトル・マラカス》では「ソーダの泡が溶ける感じ」「大波や小波が押し寄せてくる感じ」、事例2《紙太鼓》では「葉っぱを踏んで遊んでいるような音」と、音に対して子どもたちの生活経験からイメージが出ている。楽器づくりでの子どもたちの発言を見ていくと、実は子どもたちはこんなにも生活の中で音を聴いているということ、またソーダの泡のようなほとんど音がないものに対しても音を聴いていることに驚かされる。単に物理的現象として出ている音に対して、私には波のように聴こえると思うことで、その音はその子にとっての波を想起させるものになる。それが音に意味づけるということになる。

楽器づくりでこのように音に意味づけをするということの意義は、子どもが自分の行為（action）の結果として音を聴いているという点にある。それは、教師がコップを叩いて「これは何の音に聴こえる?」と問う状況とは根本的に異なっている。教師に問われて「風鈴の音」と答えたところで、それはそこで止まってしまう。過去の経験から風鈴の音に似ていると思っただけのことである。楽器づくりでは、自分のアクションが変われば音色や音質も変わり、イメージも変わるという、固定されていないダイナミックな状況にある。そこに想像力が働く可能性がある。なぜならば想像力は、過去、現在、未来をつなぐ力であり、そこで重要なのは未来の可能性を予感させることだからである。「こう叩いたらこういう音がした。では、次はこうしてみたらどうか」という次の行為を発想し、実行させていくのが想像力の機能である。

音探究は子どもたちが目的を得ると大きく進展する。事例8《水》では「お気に入りの音を見つけよう」という目的を得ることで、子どもの素材へのかかわり方が変わる。手のひらの全面で触れる時と指先で触れる時は音は違うのか等、意欲的な音探究の活動がなされている。「擬音語で表してみよう」という課題も目的になる。事例5《こする音》では、擬音語で表させ「何の音みたいに聴こえた?」と問うと、子どもはこすることで生み出される音を「音色」をもつ素材としてとらえていくようになる。「自分の音はどんな音なのだろうか」とさらに音探究に没頭するようになっていく。

無目的な音探究の遊びが目的を得ると「こうしたらどうなるだろう」という一種の実験になっていく。実験になると意識を集中させ、没頭する。音の出し方も工夫するようになる。自らの行為を変えると、そこに出現する新しい質がまた感情の記憶をよび起こしていく。特別支援学級での事例12《水》では、タオルを水に浸して絞ることにより生まれる音色に「悲しい雨の日」とイメージを言葉で表している。

音を探究する行為とイメージの形成が連動して活発に起こり、子どもの生活でのさまざまな身体感覚が意味を付与され意識に上ってくる。

(2) イメージの共有の場面

グループになった時、メンバーのさまざまに意味づけをされた音をいかに関連づけるかというのはなかなか難しい問題である。そこで関連づけに働いたのが、イメージの共有化であった。イメージの共有化は、中心になる音のイメージから情景が拡がっていくという流れでなされる事例が多かった。

事例10《竹》では、竹でつくったバリンビンのこすった音を聴いたメンバーが「とても竹とは思えない、おもしろい音」という反応を示し、それがチーズを削る音に似ているということから料理人がイタリア料理をつくっているというテーマとなった。そして他の音もパスタを完成させようとあせっている様子等、その情景を構成する項目に位置づけていった。また、事例11《団扇》では、ある生徒の音をメンバーが聴いたらまさに「蝉」だったので、そこから「蝉しぐれと寄せては返す波の音がする浜辺で、遠景の花火を見ている」という夏の情景がテーマとなった。事例7《竹ぼら》では、竹ぼらの響きから「除夜の鐘が響き始めるような空間をつくりたい」というグループがあった。そして「除夜の鐘は、冬だから冷たくしんみり響くような感じにしたい」というイメージをもって、竹ぼらの音に金属の音色（ボウル、あたりがね、すず）を加えていった。このような音色の選択に「冷たくしんみり響くような感じ」というこのグループに共有された質が規準になっていると推察される。何を選び何を退けるかという点に、質の統一的な調和感を求める姿勢が見える。この姿勢が音楽のまとまりをつくっていくのである。

このように、イメージが共有される過程では、特徴的な音色をもつ音がある特定のイメージを引き起こし、そのイメージで全体を統合していこうとする様相が見られた。蝉といえば、それぞれの夏の情景が想起され、そこでの個別の出来事がさまざまに思い出されてくる。それら、いろいろな音やいろいろなイメージを「夏の海辺の夜のシーンとした感じ」というような一つの質を浸透させていくことによって統合し、そこに一つの全体性をつくっていく。ここに、事象の全体性をつくり上げる想像力の働きを見ることができる。

他方で、一見不調和に見える音も、そこに共有されたイメージの質を浸透させることで音楽に組み入れていこうとする姿勢も見られる。事例8《水》では、音の紹介後、ストーリーができた。「雨が降って、傘にあたって、ドボドボして、池でおぼれた」「ああ、いいね〜!」「水たまりでおぼれたんじゃないの」「ストーリーになっている。ストーリーができた」そして、「雨が降っている」という静かなイメージの全体性の中で、動きのあるKくんの音色（お玉の水を一気に水面に落とす音）やSくんの音色（空のペットボトルを水の中に沈めたときのブクブクした音）をどのように意味づけたらよいかが問題となる。そこでグループでKくんやSくんの音を活かせないか、イメージの全体性に何とか調和させようと考えるようになる。そこで「(水たまりに) カエルが跳び込んで」という新しいイメージを形成することで二人の動きのある音にも「雨が降っている」というイメージの全体的な質を浸透させていった。そして「雨が降っている」という全体的なイメージは静かなだけではなく、躍動感を含みこんだものとして新たにつくり変えられたと思われる。想像力は、異質なものを排除するのではなく、異質なものも取り込むことで全体的なイメージ自体をつくり変えていく力なのである。

(3) イメージに主導された問題解決の場面

あるイメージが共有され、テーマを意識するようになると、イメージの表現を目的として活動が為されるようになる。そこに表現の工夫が生み出される。事例3《空き缶》は、メンバーの音を聴き合い、「雨の合唱」という題をつける。すると「雨粒がゆっくり落ちるように響かせる」「激しく降るように連打する」などいろいろな雨の情景が出され、それによって屋根に滴が落ちるところをイメージして缶の上部を叩いて甲高い音を連打したり、缶の上部と底部を交互に鳴らしたり、雨の様子を表現するような鳴らし方が探究されるようになっていった。

事例6《一弦箱》では「お化け屋敷」がテーマとなる。「お化け屋敷でぞっとしているみたい」「Yくんのジャカジャカはお化けに遭遇して怖くて走って逃げていく様子」という音のイメージから「お化け屋敷に入る時（ドキドキした感じ）、入ってから（急にお化けが現れて驚く感じ、お化けが近づいてくる感じ）、出口に着いた時」の三場面が構成される。そこに「もっとくり返したほうが恐怖心が伝わる」とフレーズの反復が提案される。反復という構成原理も、イメージを表現するには、という問題解決から出てくる。

このように、目的をもつと「恐怖心を表現するにはどうしたらよいか」というように問題を意識するようになる。そして問題を解決しようとする時想像力が発揮される。過去に恐怖心を感じた時の状況の特質や構造を記憶から引っ張り出してきて、今、取り組んでいる問題に応用するのは、これもまた想像力の働きによる。

ここで注目すべきなのは、この楽器づくりでは「恐怖心を表現するにはどうしたらよいか」という問題に対する発想（「このフレーズを反復していったらどうか」）が出ると、すぐさま行為にうつし結果を見るという実験的態度が引き出されるという点である。反復するというのは言語の上での話ではなく、行為の話、つまり身体を使ってやってみようという話となる。このように身体を使って問題解決していくことは、すなわち思考の脈絡をつくっていくということである。それは身体感覚に脈絡を与えるということであり、脈絡は身体感覚を記憶させ、呼び覚ますということを可能にする。普通、日常生活なら身体感覚は瞬間瞬間のものであり、バラバラであり、すぐに消えていく不確かな存在である。楽器づくりでは、それを問題解決の思考の脈絡に位置づけることによって活動を展開していくことができる。それによって「次はこうしてみよう」と、未来を見通した行動を生み出すことができる。

(4) まとめ

本書では、想像力は経験の質の感受力だということをいってきた。それはそうなのであるが、それに留まるものではない。質の感受は想像力の必須の条件であるが、単に音に対して過去の経験からイメージをもつというだけではない。質の感受から未来へのヴィジョンをもってそれを行為にうつしていく力である。構成活動としての楽器づくりは、過去の生活経験における身体感覚を拾い集め、現在目の前にある素材を直に操作するという経験を通して、拾い集めたバラバラな材料が働き合う調和的な関係を内側から生成していく営みである。その生活経験でのバラバラな材料を、大きな統一されたヴィジョンをもって並び替え、新たな意味を付与するのが想像力である。想像力によって子どもたちは意味の拡充を得ることで、環境に新たな視点をもってかかわれるようになっていくと考えられる。

〔注〕

1 楽器づくりにおける音楽科の学力

(1) 西園芳信・小島律子監修(二〇〇四)『小学校音楽科の指導と評価』暁教育図書、二六頁。
(2) 岸本裕史(一九八一)『改訂版　見える学力、見えない学力』国民文庫、三七頁。
(3) 文部科学省(二〇〇八)『小学校学習指導要領解説　音楽編』教育芸術社、三頁。

2 楽器づくりと共感的コミュニケーション

(1) 平成二三年八月二九日『コミュニケーション教育推進会議審議経過報告』文部科学省、五頁。
(2) 文部科学省（二〇〇八）『中学校学習指導要領解説　音楽編』教育芸術社、六五頁。
(3) Dewey, J., *Experience and Nature*, LW, Vol. 1.
デューイ（一九二五）、帆足理一郎訳（一九五九）『経験と自然』春秋社、他参照。
(4) Dewey, J., *Logic : The Theory of Inquiry*, LW, Vol. 12, p. 75.
デューイ（一九三八）、魚津郁夫訳（一九六八）「論理学―探究の理論」『世界の名著48パース、ジェイムス、デューイ』上山春平編、中央公論社、四五九頁。
(5) Dewey, J., *Psychology*, EW, Vol. 2, p. 258.
(6) 豊田ひさき（二〇〇四）「学習集団づくり」『現代教育方法辞典』図書文化、三四一頁。
(7) 宮坂琇子（二〇〇四）「想像力」前掲書、九三頁。

3 楽器づくりにおける感性の覚醒と日本の音文化

(1) 田守育啓（二〇一〇）『賢治オノマトペの謎を解く』大修館書店、五一～五三頁。
(2) 苧阪直行編著（一九九九）『感性のことばを研究する　擬音語・擬態語に読む心のありか』新曜社、三頁。
(3) 小泉文夫（一九九四）『日本の音　世界の中の日本音楽』平凡社、二八頁。

〈参考文献〉

・Dewey, J., *Experience and Nature*, Dover Publications, 1925.
・山田庄一（一九八六）『歌舞伎音楽入門』音楽之友社。

おわりに

楽器づくりの実践を参観して驚いたのは、子どもの音に対する興味の強さと深さです。もちろん最初は外にエネルギーを発散するようにとにかく鳴らしまくります。しかし、時間を経ると、それまでとは打って変わって一音に全身を向け、音を聴こうとします。そして一音を全身で味わいます。打楽器奏者の山口恭範はこういっています。

「ただ一音のみで人のこころを動かす現象が多く存在し、またそれらは地球上の多くの人間が体験していること」（「打楽器の魅力」『学校音楽教育研究』第七巻、二〇〇三、二二頁）と。

楽器づくりは、外に楽器をつくることで、自分が本来もっている音への感性を引き出していくものです。それは五感を総動員して「聴覚」を構成していくことでもあります。自分のもっている音に対する感性を自覚していくということ、本書はそのための楽器づくりを提案しました。このような経験をもったうえで音楽にかかわると、自分の感性と結びついた形で音楽性が伸長されていくことでしょう。

しかもそれは音楽にとどまるものではないのです。竹ぼらでは、竹の筒に息を入れ、その入れ方と音の響き方を結びつけていきます。それは音楽の知覚・感受の話であるのですが、それだけでなく環境とのかかわり方すべてに応用されていく態度といえます。フランスのダンサーが石見神楽を見にきたというニュースがありました。石見神楽の源となった田植えまで実際にやってみて足の動かし方を体験し、水がなくなってもまだ土は湿っているので足さばきがこうなるということも体験したそうです。このような、身体感覚に基づく環境とのかかわり方をつくっていく態度をこれからの人類はもつべきでしょう。そうでないと自然に抱かれる人間という在り方は崩れていくのではないでしょうか。

今回の楽器づくりでは、子どもたちの姿から日本人の音の世界をうかがうことができました。西洋人は機械をつくるように楽器を複雑にして、自然を支配しようとしてきました。日本人は尺八に見られるように、大陸から伝わったものをわざわざ孔の数を減らして単純化し、単純なものを使って人間を変えていく営みをしてきました。それは自然と人間の融合を求める方向でしょう。楽器づくりで日本の音・音楽文化を育てていく可能性があるということも確信しました。

また、楽器づくりでは衝動性が大手を振って表に出てきます。そしてそれを押しとどめるのではなく、出させ秩序づけていくことで音楽づくりになっていきます。外の音が秩序づけられ、内の衝動性が秩序づけられるという二重の変化が起こるということです。そこに自然との共鳴が表現され、友だちとのつながりが生まれ、共感が生まれるということも見てきました。そこには、現代の教育が疎外してきた、人間が育つ環境が凝縮して存在します。そんな中で育まれる、ヴィジョンの力である「想像力」に未来を託したいと思っています。

著者である関西音楽教育実践学研究会は、今から一八年ほど前、大阪教育大学天王寺キャンパスの夜間の実践学校教育講座に現職向けの大学院が創設されたことをきっかけとして生まれました。院修了後も毎週一回勤務を終えた夜に研究会を行うようになり、それがじょじょに広がってきたものです。勉強したい人ならだれでも参加できるというようにオープンな形にしており、現在五〇名ほどの登録があります。自分自身の授業案の相談あり、実践研究の発表あり、現役院生の理論的な発表あり、メンバーそれぞれの参加の仕方をしています。また、年間を通してテーマを設定し、それに基づく実践発表を重ね、年度末には総括の発表会を催しています。この楽器づくりの実践研究は平成二二、二三年度のテーマでした。

　今回、この実践研究が一つのかたちになったのは、研究会に足を運んで建設的な意見を出し合ってくださったすべてのメンバーのおかげです。そしてメンバーの背後には学校や子どもたちがいます。本書には授業の風景のDVDが付いています。それにつきましても、当該学校関係者や子どもたちのご理解、ご協力に感謝いたします。また、現在の世話人の兼平佳枝氏には原稿の取りまとめ、衛藤晶子氏にはDVDの編集にと、とりわけご協力をいただきました。そして長年世話人をしてきてくださった清村百合子氏には総括役として本書の発行に多大な貢献をいただきました。こころより謝意を表したいと思います。

　最後になりますが、前著『学校における「わらべうた」教育の再創造─理論と実践─』に引き続き、このたびの出版にあたっては黎明書房の武馬久仁裕社長に大変なご厚意を賜わりました。深く感謝申し上げます。

二〇一三年八月

小島律子

DVD内容一覧

タイトル	場　面
事例1　ペットボトル・マラカス	・ペットボトルマラカスを鳴らしてリレー奏をする ・お気に入りのマラカスをつくる ・鳴らしてみて気がついたことを発表する ・つくった音楽を発表する
事例2　紙太鼓	・紙をマレットで叩いて音を試す ・紙太鼓をつくってリレー奏をする ・二人組で音楽をつくる ・つくった音楽を発表する
事例3　空き缶	・空き缶を鳴らしリレー奏をする ・友だちの音を聴いて感じたことを発表する ・中間発表をして意見を交流する ・最終発表をし感想を交流する
事例4　つるしたものの音	・つるした素材を叩いて感じたことを発表する ・グループで音楽をつくる ・つくった音楽を発表し感想を交流する
事例5　こする音	・もってきた素材をこすって音を出す ・中間発表を聴いて意見を交流する ・二人組で音楽をつくる ・つくった音楽を発表する
事例6　一弦箱	・箱に張った輪ゴムを鳴らし擬音語で表す ・いろいろな音を試す ・グループで音楽をつくる ・つくった音楽を発表する

事例7　竹ぼら	・竹ぼらを鳴らす ・見つけた音を音と言葉で発表する ・グループで音楽をつくる ・つくった音楽を発表する
事例8　水	・水の音を出して感じたことを発表する ・道具を使って音を探究する ・グループで音楽をつくる ・つくった音楽を発表して感想を交流する
事例9　木・石・金属・陶器	・素材を叩いて音を鳴らす ・音の違いを発表する ・グループで音色を紹介し合う ・つくった音楽を紹介する
事例10　竹	・竹を鳴らす ・楽器をつくる ・グループで音楽をつくる ・つくった音楽を発表する
事例11　団扇	・楽器をつくる ・つくった楽器を紹介する ・グループで音楽をつくる ・つくった音楽を発表して感想を交流する
事例12　水	・水の音を出してみる ・水の音を聴き比べて意見を発表する ・グループで音楽をつくる ・つくった音楽を発表する

執筆者一覧（所属は初版刊行時のものです。）

東　真理子（大阪市立大学大学院生）
宇都まりこ（前大阪教育大学大学院生）
衛藤晶子（畿央大学）
太田紗八香（京都府宇治市立小倉小学校）
兼平佳枝（椙山女学園大学）
清村百合子（京都教育大学）
小林佐知子（大阪府守口市立藤田小学校）
高田奈津子（京都府立鳥羽高等学校）
髙橋詩穂（京都教育大学附属桃山小学校）
髙橋澄代（大阪教育大学）
椿本恵子（大阪教育大学附属平野小学校）
森山ちさと（兵庫県西宮市立高須中学校）
横山朋子（畿央大学）
横山真理（岐阜県関市立小金田中学校）

著者紹介

小島律子

大阪教育大学教授・博士（教育学）
名古屋大学大学院教育学研究科博士課程単位取得退学
専門　音楽教育学，特に表現教育論，音楽科の授業論

〔主な著書〕

『子どもの音の世界―楽譜のない自由な「曲づくり」から始まる音楽教育』『学校における「わらべうた」教育の再創造―理論と実践』（共著，黎明書房），『構成活動を中心とした音楽授業による児童の音楽的発達の考察』（単著，風間書房）『総合的な学習と音楽表現』（共著，黎明書房），『音楽による表現の教育』（共編著，晃洋書房）『日本伝統音楽の授業をデザインする』（監修，暁教育図書）。

〔学術論文〕

「戦後日本の『音楽づくり』にみられる学力観―『構成的音楽表現』からの問い直し―」『学校音楽教育研究』（日本学校音楽教育実践学会紀要第9巻），「知性と感性を統合する教育方法としての『オキュペーション』概念―イマジネーションに注目して―」日本デューイ学会紀要第46号）。

〔その他〕

「中学校学習指導要領（音楽）の改善に関する調査研究協力者」「高等学校学習指導要領（芸術・音楽）の改善に関する調査研究協力者」「評価規準，評価方法等の研究開発のための協力者」。

関西音楽教育実践学研究会

毎月１回の土曜日午後，大阪教育大学天王寺キャンパスを借りて研究会を行っている。会員は，幼稚園，小学校，中学校，高等学校，特別支援学校，大学の教員，大学院生など50名程度である。代表は大阪教育大学教授小島律子。

15年ほど前に小島が天王寺キャンパスの大学院実践学校教育専攻にかかわったことで研究室内で始まった自主ゼミを出発としている。

現在は大阪教育大学から範囲を広げ，意欲ある現職教員の実践研究の場としてオープンな自主ゼミの形で運営されている。

個人の実践研究と並行して，年間テーマを立てて体系的な実践研究を行っている。以下がこれまで行ってきたプロジェクト研究である。

○平成18年度「シルバーバーデット〝Music〟を今，問い直す」
○平成19年度「MMCP の実践と課題」
○平成20年度「学力育成を実現する日本伝統音楽の授業」
○平成21年度「学校におけるわらべうた教育の創造」

その成果を黎明書房より『学校における「わらべうた」教育の再創造―理論と実践』(2010）として出版。

そして平成22年・23年度の２年間にわたり「耳をひらき，自己を見いだす楽器づくり」の特別企画を実施し，その理論と実践をまとめたものが本書である。

楽器《がっき》づくりによる想像力《そうぞうりょく》の教育《きょういく》 ―理論《りろん》と実践《じっせん》―

2013年 8 月10日　初版発行

著　者　小《こ》島《じま》律《りつ》子《こ》
関西音楽教育実践学研究会《かんさいおんがくきょういくじっせんがくけんきゅうかい》

発行者　武 馬 久 仁 裕
印　刷　藤原印刷株式会社
製　本　株式会社渋谷文泉閣

発行所　株式会社　黎《れい》明《めい》書《しょ》房《ぼう》
〒460-0002 名古屋市中区丸の内3-6-27　EBS ビル
☎052-962-3045 FAX052-951-9065 振替・00880-1-59001
〒101-0047 東京連絡所・千代田区内神田1-4-9
松苗ビル 4 F　☎03-3268-3470

落丁・乱丁本はお取替します。　ISBN978-4-654-01889-5

堀真一郎著　A 5 判　256頁　2700円

きのくに子どもの村の教育

体験学習中心の自由学校の20年　デューイとニイルの思想と実践を基礎に子ども中心の教育を進めてきたきのくに子どもの村学園の姿を，多数の写真を交え紹介。

高浦勝義著　A 5 判　261頁　6500円

デューイの実験学校カリキュラムの研究

デューイの実験学校カリキュラムの編成原理と実際的展開を，「初等学校記録」の分析をもとに解明したデューイ研究の画期をなす労作。

山崎治美著　B 5 判　100頁　2200円

山崎治美の楽しいわらべうたあそび集

楽しさ伝わる著者の歌声 CD 付き　わらべうた・あそびうたが，著者によってさらに楽しいあそびになりました。全29曲の歌唱 CD 付き。

山崎治美著　B 5 判　94頁　1500円

山崎治美の楽しい遊びうたゲーム集

大人と子どもがいっしょに楽しめる遊びうたや，わらべうたの遊び方を，イラストで紹介。『つどいと仲間づくりの遊びうたゲーム集』精選・改題。

山崎治美著　B 5 判　94頁　1500円

山崎治美の楽しいリズムゲーム集

歌いながら，みんなで楽しく遊べるゲーム39種類を，詳しいイラスト付きで紹介。『つどいと仲間づくりのリズムゲーム集』精選・改題。

武川寛海著　B 6 判　92〜94頁　各1300円

おもしろすぎる音楽５分間話①②

音楽鑑賞の時間で取り上げられることの多い作曲家の生い立ちやエピソード，オーケストラで使われる楽器の成り立ちや役割がわかる楽器の話など，興味深い33話。

田中和代著　A 5 判　64頁　2500円

先生が進める子どものためのリラクゼーション

授業用パワーポイント CD・音楽 CD 付き　子どもの心身のストレスを取り去り，心も強くするリラクゼーション（呼吸法）が，小学校高学年から誰でもすぐできます。

表示価格は本体価格です。別途消費税がかかります。